国家级职业教育规划教材

人力资源和社会保障部职业能力建设司推荐

高等职业技术院校饭店管理专业教材

饭店康乐中心管理

李玫 主编

中国劳动社会保障出版社

图书在版编目(CIP)数据

饭店康乐中心管理/李玫主编. —北京：中国劳动社会保障出版社，2012
高等职业技术院校饭店管理专业教材
ISBN 978-7-5045-9701-4

Ⅰ.①饭… Ⅱ.①李… Ⅲ.①饭店-文娱活动-商业服务-高等职业教育-教材 Ⅳ.①F719.52

中国版本图书馆 CIP 数据核字(2012)第 084456 号

中国劳动社会保障出版社出版发行
(北京市惠新东街 1 号 邮政编码：100029)
出 版 人：张梦欣
*
北京宏伟双华印刷有限公司印刷装订 新华书店经销
787 毫米×1092 毫米 16 开本 7 印张 159 千字
2012 年 7 月第 1 版 2013 年 7 月第 2 次印刷
定价：14.00 元

读者服务部电话：010-64929211/64921644/84643933
发行部电话：010-64961894
出版社网址：http://www.class.com.cn

如有印装差错，请与本社联系调换：010-80497374

前 言

为了满足高等职业技术院校教学需要，人力资源和社会保障部教材办公室组织一批学术水平高、教学经验丰富、实践能力强的教师，在充分调研饭店管理工作岗位要求和学校专业课程设置及教学实际情况的基础上，编写了高等职业技术院校饭店管理专业教材。该专业教材共五种，分别是《饭店管理基础》《饭店餐饮管理》《酒水知识与酒吧管理》《饭店前厅与客房管理》《饭店康乐中心管理》。

在教材组织编写工作中，我们坚持了以下原则：

一是从职业（岗位）分析入手，根据饭店对经营管理和服务管理人才的要求以及相关的国家职业标准，科学确定教材内容，使教材具有贴近饭店管理岗位实际工作要求的鲜明特色。

二是根据高等职业技术院校饭店管理专业教学特点，合理编排教材内容，并以实际案例为切入点，部分教材采用了任务驱动的编写思路，使教材具有适应教学和易于学习的鲜明特色。

三是注重编入饭店管理的新理念、新方法，突出教材内容的先进性，使教材具有与行业发展同步的鲜明特色。

上述教材的编写得到有关省市人力资源和社会保障厅（局）以及高等职业技术院校的大力支持，教材的编审人员做了大量的工作，在此表示衷心的感谢。同时，恳切希望广大读者对教材提出宝贵的意见和建议，以便修订时加以完善。

人力资源和社会保障部教材办公室

2012 年 6 月

内容简介

本书为国家级职业教育规划教材，根据高等职业技术院校饭店管理专业教学实际，由人力资源和社会保障部教材办公室组织编写。

本书采用案例教学的模式编写。用康乐中心经营案例引出课前思考题，引导学生思考。本书的主要内容包括饭店康乐概述、康乐经营环境设计、康乐中心日常管理、康乐中心营销管理、康乐中心员工管理、康乐中心服务质量管理以及康乐中心财务管理。

本书为高等职业技术院校饭店管理专业教材，也可供从事饭店管理工作的有关人员参考。本书由李玫主编，武瑾任副主编。李玫编写第一章、第三章，武衡编写第二章，武瑾编写第五章、第七章，张莹编写第四章、第六章。

目　录

第一章

饭店康乐概述

学习目标

- 了解康乐服务与管理的任务。
- 掌握主要康乐活动的内容。
- 了解康乐中心的组织结构，掌握康乐中心的工作人员构成。

案例引入

20 世纪 90 年代初，饭店行业蓬勃发展，为了增强饭店的竞争力，各大饭店纷纷争评星级。北京某涉外饭店为了得到高的星级，迎合星级评定标准的要求，开设了游泳、棋牌、网球、按摩、美容美发等多个康乐项目。但在经营策略上，该饭店并未将康乐项目列为经营重点。在设置组织机构时，为了方便经营管理，该饭店根据各康乐项目所处的地理位置将其归属于不同的管理部门。如将游泳项目归属于客房部 PA 中心，棋牌项目归属干前厅部总机，网球项目归属于前厅行李部，按摩和美容美发项目对外承包。

经过 20 多年的经营，该饭店的康乐项目在经营中一直处于萎缩状态，棋牌室在饭店二次装修时被取消，网球场因停止对外营业而成为饭店内部活动场所，游泳池也因其面积狭小而受到住店顾客的非议。从长远来看，饭店的康乐项目应该成为新的经济增长点，但该饭店的康乐项目却处于鸡肋的地位，无法形成有效竞争力。

课前思考

1. 饭店的康乐中心通常包括哪些项目？
2. 结合案例，你认为饭店的康乐中心应该怎样设置经营项目？

第一节　饭店康乐中心概述

康乐是指人们为达到调节身心、恢复体力和振作精神的目的，在闲暇时间、具备一定场地和设施条件下参与的休闲性和消遣性的活动。人类对康乐的需求有久远的历史。可以说，自从人类诞生以来，就有了康乐需求和康乐活动。例如广西花山地区和云南苍源地区岩画中的很多舞蹈形象、汉代的杂技陶俑、唐代敦煌壁画中的许多画面，都反映出我国古代人民康乐活动的发展。现代康乐行业的产生和发展，是随着社会化生产的进步而发展起来的。欧美国家的饭店业为了迎合消费者休闲生活的消费需求，拓宽经营业务，增加饭店企业经营利润，率先设立康乐中心或康乐部，推动了现代康乐业的发展和壮大。

一、饭店康乐中心对现代饭店的意义

1. 康乐中心经营是衡量饭店等级的重要标志

康乐中心也称康乐部，是衡量旅游饭店等级的重要标志，更是衡量高水准星级饭店必不可少的先决条件。根据国家质检总局、国家标准化委员会颁布的《旅游饭店星级的划分与评定》(GB/T 14308—2010)，五星级饭店必须具备健身房、游泳池、美容美发中心等服务设施。而康乐消费与客房、餐饮等消费项目的一个明显差异，就是康乐消费作为人们的精神享受具有很大的消费弹性，直接受到客源结构的影响。从近年来饭店的相关经营数据来看，占饭店总量20%的合资和外资饭店的营业收入占到整个饭店业的80%。这部分饭店垄断了90%以上的国际商务客源和其他类型的海外旅游者，这些顾客除了住宿以外，在餐饮、娱乐、购物等方面的消费能力较强，使饭店整体经营设施得到充分利用，促进了饭店整体经营业绩的提高。其他80%的内资饭店，主要是以国内客源为主。这些客源中绝大部分顾客在饭店的消费主要是满足住宿等基本消费的需要，而在饭店进行餐饮、娱乐消费的却很少。在饭店业的经营中，接待客源的结构决定了其赢利能力，决定了饭店的经营等级。据不完全统计，旅游饭店所在地区有70%的年轻人喜欢到这些饭店的康乐中心去消费。而对于那些住宿的顾客来说，康乐也是必不可少的活动之一。不少旅游者都把参加饭店的康乐活动列入自己的日程安排，这是一种新的生活观念，体现了顾客对康乐项目的强烈欲望，这一趋势无疑是饭店提高效益的良好机会。

2. 康乐功能的定位反映出饭店的客源定位

在饭店经营过程中，康乐中心最初是为了满足西方人追求健康和缓解工作压力的需要而设立的场所，在相当长的一段时间内，因国内顾客缺少对饭店康乐设施的需求，饭店中的康乐设施大都处于闲置状态，饭店中的康乐中心也一直处于从属地位。近几年来，随着国内居民可支配收入和可支配时间的增加，人们对休闲、康乐、健身等更高层次的精神消费需求也随之增加。人们越来越认识到康乐的重要性，也越来越多地投资于康乐消费，康乐正在改变着不同地区人们的生活。中国一些饭店为了适应这种需要，适时调整饭店康乐市场定位，康乐中心也逐步从其附属的部门中独立出来，形成一个专业化的管理部门，成为与客房、餐饮等部门平行的重要部门，而且主要面向当地市场经营，使饭店康乐项目成为当地居民消费的代表性场所。饭店无论其类型如何，只要从市场需求出发对康乐功能进行合理准确的定位，使饭店康乐功能符合时代发展的趋势，就能在目前微利的环境中不断创新，推出符合市场需求的特色项目，使饭店的康乐设施得到充分利用，成为饭店营业收入的重要来源。

3. 康乐项目的选择影响饭店的赢利能力

康乐项目是饭店营业收入的重要来源，甚至有可能成为第一大来源。具备饭店传统功能的客房餐饮服务，其客房数、餐位数是固定的，除非不断提高房价、餐标或改变目标市场，否则客房、餐饮收入是不可能无限上涨的。只有将康乐项目作为满足饭店顾客追求健康、休

闲、享受的精神需求的重要方式，才能拥有最为广阔的开发前景。现代人求健康、求休闲、求享受、求新奇、求流行、求博弈、求美貌的精神需求是巨大的，如果一个设计到位的康乐项目能够同时满足其中的几项需求，即市场定位到位，就有可能取得惊人的成功。

传统的饭店经营者因对康乐经营不重视，经营项目雷同，人为地加大了饭店康乐经营的难度。《旅游饭店星级的划分与评定》中只保留必备的健身设施，如健身房、游泳池和美容美发中心等。康乐项目、康乐设施中大部分内容被调整到加分项目中，这赋予饭店在康乐项目设置上的很大选择权。饭店不仅可以选择歌舞厅、音乐厅、迷你电影厅或具有地方特色的民俗风情表演，而且可以选择网球、保龄球、溜冰、潜水或冲浪、室内游泳等运动休闲项目，还可以选择棋牌、桑拿、美容、按摩等保健服务项目。这在引导饭店提供基本康乐服务项目的同时，也促进饭店因地、因店、因时不同而选择特色服务项目形成特色经营，从而实现资源的优化配置，提高赢利能力。

4. 康乐项目的特色功能体现饭店的经营特色

尽管现代星级饭店内的客房、餐饮、康乐等服务项目基本满足了顾客工作、旅游的便利需求，然而，由于饭店受到经营场地等各方面条件的限制，要形成经营特色，最好是在康乐经营上形成特色。目前，饭店为了适应竞争的需要，要实施差异化经营战略，实施差异化经营战略关键在于推出不同于竞争对手的特色产品，为顾客创造更多的附加价值。而康乐项目正是饭店彰显个性和突出风格，体现饭店事业性和独特性的重要内容。康乐项目的设置有利于饭店在经营中形成独具特色的饭店品牌，并最终赢得市场的认可。同时，饭店独具特色的休闲康乐项目能够丰富饭店经营内容，形成特有的市场吸引力，如商务饭店的客房新增交互式多媒体游戏、收费电视、音乐与剧场转播、频道租用等康乐项目，不仅提高了客房出租率，延长了顾客的停留时间，更增加了饭店收益。

5. 康乐中心是饭店与顾客联系最为紧密的部门

在具备传统功能的饭店一线部门，其多年的服务理念提倡服务员要把顾客看做上帝。而在康乐中心，其服务理念提倡工作人员把顾客看成是饭店的朋友，看成是工作上的朋友，注重从心理上拉近与顾客的距离，做到真正的零距离服务，以平等交流、协助的态度提供服务。

二、饭店康乐服务与管理的任务

1. 满足顾客体育锻炼的需要

体育锻炼有一般运动与重点运动之分。一般运动是指活动筋骨、做操、跑步等；重点运动是指举重、骑自行车、打球、锻炼肌肉等各种运动。康乐中心应根据顾客的需求，开辟健身房、游泳池等设施齐全的场所。

2. 满足顾客美容修体的需要

形象美是现代文明的心理表现。它表现为体型美、面部美、发型美。体型美可以通过体育健身获得实现，也可以通过美体师的修型塑体得以实现；面部和发型美可在美容美发服务中加以实现。

3. 满足顾客娱乐的需要

食、住、行、游、购、娱是现代旅游的基本要素。随着旅游业的发展，顾客在饭店除了食和住之外，还希望在住店期间得到娱乐享受。因此，康乐中心要在娱乐项目的开展上做到丰富多彩，以满足不同顾客的娱乐需求，但一定要适应饭店的经营环境，符合我国国情与法律规定。

4. 做好康乐器械、设施、场所的卫生工作

康乐场所是一个高雅、洁净的场所，客流量大，使用频繁，尤其是康乐设备与器械经过多位顾客的使用，为防止出现交叉感染，清洁卫生工作就变得十分重要。同时，康乐器械、设施和场所的洁净、高雅会给顾客带来舒心愉快的心情，也会给顾客带来宾至如归的感受。顾客对公共场所的基本要求就是整洁清新。

5. 做好康乐设施、运动器械及其场所的安全管理

健身运动器械具有“冲撞性”，易于损坏，存在着安全问题，潜伏着一定的“危险性”。康乐中心的例行工作之一就是每天必须在顾客使用之前做一次检查，并对康乐设施、运动器械、场地进行安全保养，对存在安全隐患的器械要随时更换。

6. 为顾客提供运动技能技巧指导性服务

康乐中心的健身器械种类较多，操作程序也有差异，为了避免顾客因不当操控而引起人身危害和设备损坏，服务员要提供正确、耐心的指导性服务，以便一些不会使用器械的顾客能正确使用。此外，顾客在进行康乐消费时，如网球、高尔夫球等项目，需要专业人员进行技术指导，从而提高顾客的专业水平。

第二节　饭店康乐活动介绍

一、康乐活动的分类

在康乐中心的管理中，康乐活动参与者的消费目的不同，提供服务的侧重点也应不同，活动的经营方式也有着一定的区别。据此，可将康乐活动分为康体项目、娱乐项目和保健项目三大类。

1. 康体项目

康体项目就是人们借助一定的康体设施设备和场所，通过自己的积极参与，达到锻炼身体、增强体质目的的项目，是具有代表性、易于接受、趣味性强的运动项目。需要强调的是，康体项目不是专业的体育项目，而是一种休闲体育运动项目，摒弃了体育运动的激烈性、竞技性，以不破坏身体承受力为前提，具有较强娱乐性、趣味性的康乐项目。

康体项目要能使人体多种机能得到良好的锻炼与保健，具有明显的休闲效果，运动节奏和运动量可自由调节，使消费者可根据自己的身体情况来全面调整训练强度；还要能提供强度不一的同类型项目，适应不同年龄、性别和运动能力的人群，让所有家庭成员都可以参与其中，以维系因不能经常共处而疏忽的亲情；在锻炼时间和前往路程方面，则要能满足大部分消费人群的需求；开展运动项目的场所既要能让消费人群感到舒适安全，又要能够放松精神；在运动费用方面，价格要能让消费人群乐于接受；运动的季节性不能太强，要可以在全年大多数月份进行，满足消费者持续锻炼的愿望；理想的康体运动要兼具观赏性和实用性。

现代康体项目在发展过程中，为了满足消费者的需求，逐渐形成了下列特点：

（1）现代康体项目需借助现代化、科学性的设施设备和场所。传统的康体项目一般是在室外进行，人们通过利用自然环境、简易的器具来进行以健身强体为目的的体育锻炼。随着城市化进程的加快，适宜的自然康体场所减少；而科学技术的发展，使室内微小气候群变得容易操控。康体设施设备的设计趋向人性化、综合化，使适用人群逐渐扩大。康体活动逐渐从自发的、群众性的室外康体活动，开始向借助现代化、科学性的康体设施设备和场所的现代康体活动发展。

（2）现代康体项目具有特定的锻炼目的。消费者各异的生活习惯，使每个人的健康状况、体型状态各具特色。每个康体活动的参与者根据各自特点，明确了训练目的，如加强心肺功能、训练力量、塑造形体、放松休闲等。职业教练和陪练员的出现，为人们提供了科学的、系统的、针对性强的指导。

（3）康体项目运动量适中，以不破坏身体承受力为限。现代康体运动和竞技体育项目虽然都起源于人类原始的康体项目，却存在着本质的区别。在康体运动中，参与者是以锻炼身体、增强体质为目的的，在制订训练计划时，遵循“循序渐进、持之以恒”的原则，选择适合自己的健身手段，把握好基本的运动强度和时间，以求达到最佳效果。竞技体育的最终目的是在比赛中取得胜利，诸多体育运动员为了达到这个目标进行了超越人体极限的强化训练，在展现力与美结合的同时，身体也受到了一定程度的损害。

2. 娱乐项目

娱乐自古至今是人们生活中不可缺少的消遣活动，歌舞、围棋、麻将、钓鱼、骑马、踏青等一直是深受广大老百姓喜爱的休闲娱乐活动。到了现代，娱乐项目因其门槛低、趣味性和参与性强，以及能够给人们带来精神上的愉悦感，成为人们喜爱的消费方式。娱乐项目就是指人们借助一定的娱乐设施设备和服务，使顾客在参与中得到精神满足、得到快乐的游戏活动。

饭店作为一个微缩的社会，其顾客来自各行各业，遍及世界各地，娱乐需求也因人而异，各有不同。康乐中心在提供娱乐项目时，需要分析顾客的消费需求，综合考虑饭店的具体情况、所在地的人文历史以及开设娱乐项目的背景等。

饭店开设娱乐项目时需要注意以下几点：

（1）娱乐项目的开设要符合所在地的消费偏好，并略高于当地的消费水平，起到消费引领作用。不同地区的娱乐偏好有着本质的区别，如我国东北地区偏爱二人转，而沪杭地区偏爱海派文化。同时，康乐中心为了增加经营利润，必须注意吸引本地客源前来消费。

（2）娱乐项目的选择要符合饭店的经营主题。饭店的经营主题可分为商务型、度假型、会议型，不同经营主题的目标客源决定了娱乐项目的种类。

（3）娱乐项目的选择要有益于消费者的身心健康。即要选择符合大多数消费者需求的项目，过于刺激和超前的项目不适合饭店开设。

（4）环境和氛围是开设娱乐项目的基础。要注意和饭店整体消费环境相适宜，不能噪声过大或占用过大的经营空间。

（5）自娱自乐是娱乐项目的主要形式。饭店开设的娱乐项目要求顾客能主动参与，表现自我，达到娱乐的目的，满足顾客通过自助娱乐实现某种心理放松。

3. 保健项目

当今社会出现的亚健康状态，主要是因为人们进入了“年轻时用健康换金钱，年老时用金钱换健康”的生活误区。相应地，由身心健康引发出来的饮食保健、中医保健、休闲保健等话题也就逐渐成为消费者关注的焦点。“关爱健康，关爱生命”成为消费者的共识。

大部分旅游涉外饭店在为来消费的顾客提供保健类康乐活动时，由于受经营空间的影响，在经营过程中更侧重于休闲保健。休闲保健项目就是指通过服务员提供相应的设施设备或服务作用于人体，使顾客达到放松肌肉、促进循环、消除疲劳、恢复体力、养护皮肤、改善容颜等目的的活动项目。休闲保健的经营项目，既有我国老百姓所信服的传统保健项目，如按摩、刮痧、足疗、经络排毒等；也包括传统保健项目与西方保健项目结合后涌现出来的水疗、美容美体、茶疗等内容。

饭店开设保健项目时需要注意以下几点：

（1）专业人员是开设保健项目的保证。在康乐中心，保健项目的理疗师、按摩师、美容美发师都必须是经过专业训练并取得上岗资格证书的专业人员。专业人员素质的高低直接决定了保健项目的开设水平和经营能力。

（2）开设的项目要以满足顾客保健为目的。顾客通过专业人员的服务可以感受到不适得以舒缓，并能够从专业人员那里得到关于自身健康保养方面的相关知识，从而调节自己的亚健康状态。

（3）进行保健项目设计时，要走系列化、配套化的路线，尽可能减少项目之间共用部分设施设备的经营成本，方便顾客进行系列消费选择。

（4）安全是保健项目的出发点。在经营过程中，桑拿、按摩、理疗、美容等项目都应把顾客的安全放在首位，根据顾客的具体情况，如健康状况、皮肤类型等为顾客推荐合适的项目，避免出现过敏等危害顾客健康的事件。

（5）保持清洁卫生是必要前提。保健项目大多是直接接触顾客身体的服务项目，因此卫生条件对顾客的健康来说显得尤为重要。无论是客用品还是服务用品，都要经过严格的消毒。目前消费市场上保健场所有很多，在价格上也有相当大的竞争优势，因此要吸引顾客到饭店消费，就必须把好清洁卫生这一关。

二、饭店主要康乐活动简介

1. 健身房经营项目

健身房的运动由于在室内进行而受到部分限制，但仍然涵盖了健身运动的诸多方面。

（1）心肺功能训练项目

心肺功能指的是人的摄氧和转化氧气成为能量的能力。心肺功能的强弱直接关系到人体代谢功能和健身锻炼后机体恢复功能的强弱。心肺功能训练项目主要包括踏步运动、健身车运动和划船运动。这些健身运动使人的心跳加速，心搏有力，每分钟心血输出量增加，心肌的微循环全面扩张；锻炼时肌肉通过活动产生的二氧化碳刺激了人体的呼吸中枢，使呼吸频率加快，肺容量加大，与此同时，呼吸肌和呼吸辅助肌得到了锻炼。坚持锻炼有利于心肺功能发展，坚持长期体育锻炼的人都有健康的肌体，其良好的体质完全依靠自身强健的心肺功能来支持。

（2）力量训练项目

力量训练项目是任何标准健身房不可缺少的运动项目，与心肺功能训练项目配合而相辅相成。力量训练具有减少脂肪，增长肌肉，强壮体格，防治心脏病和腰背、关节疼痛，增强竞技能力，增添肢体活力等功效。在力量训练项目中，又因为训练者训练目的的不同，可分为力量型训练和健美肌肉训练。力量型训练从本质上说，是人类走跑跳投的基础，有利于保持和提升骨骼的强度和密度、关节的韧度和幅度、韧带的弹性和长度、肌细胞的活力和数量、肌肉的力量和爆发力，以及神经传导的速度和应激反应的质量。健美肌肉训练是缓解健康问题的有效途径，它包括耐力训练、力量训练和速度训练，该项训练要全身性配合，训练目的是最大限度地增长肌肉。总体来说，力量型训练项目是围绕身体运动效率最高的核心项目；而健美肌肉训练项目是围绕身体各部位设计的，除了腿部训练借用了力量型训练的一些主要项目，大多数上肢训练项目都是力量型训练中所没有的。力量型训练特别强调核心力量，如股四头肌力量；而健美肌肉训练强调全身肌肉的匀称性，反对对于某个单一部位的强调。

（3）健身操项目

健身操的功能是以心肺功能及身体协调性、灵活性锻炼为主，兼具减少皮下脂肪的功效。有氧健身操是一种富有韵律性的运动，通过长时间的持续运动，不仅使心肺功能得到增强，而且还锻炼了大肌肉群，通过锻炼保持精神舒畅、活力充沛。

1）竞技性健身操。竞技性健身操的主要目的是“竞赛”，其比赛项目有男单、女单、混双、三人和六人。竞技性健身操在参赛人数、比赛场地、成套动作时间等方面都必须严格按照规则进行，在动作的设计上严格避免重复动作和对称动作。

2）表演性健身操。表演性健身操是事先编排好的、专为表演而设计的成套健身操，时间一般为 2～5 min。表演性健身操的动作较复杂，音乐速度可快可慢，且为了保证一定的表演效果，动作较少重复，也不一定是对称性的。在参与的人数上可以是单人，也可以是多人，并可在成套动作中加入队形变化和集体配合的动作。表演者可以利用轻器械，如花环、旗子等，还可采用一些风格化的舞蹈动作，如爵士舞等，以达到烘托气氛、感染观众、增强表演效果的目的。

3）普通健身操。普通健身操的主要目的是“锻炼身体，保持健康”。它的动作简单，实用性强，音乐速度也较慢，且为了保证一定的运动负荷和锻炼的全面性，动作多有重复，常以对称的形式出现。练习时间一般为 1 h 左右，在练习时要求根据个体情况而变化，严格遵循“健康、安全”的原则，防止运动损伤的出现，在保证安全的基础上，达到锻炼身体的目的。

普通健身操根据锻炼年龄分为儿童健身操、青少年健身操、中老年健身操；根据锻炼目的分为康复健身操、保健健身操、健美健身操；根据徒手与否分为徒手健身操、持轻器械健身操；根据锻炼部位分为颈部、胸部、腰部、腿部、手臂、臀部等局部健身操。健身操运动对场地要求不高，一年四季都能开展，对人体的心肺功能、耐力水平都有很大的促进作用。

2. 游泳戏水项目

游泳是古代人类在同大自然作斗争的过程中为求生存而产生的。据《史记》记载，中国早在春秋时期即有关于泅水（游泳）的活动了，至唐、宋已发展成为一项体育活动。1828年，英国在利物浦乔治码头建造了世界上第一个室内游泳池。现代游泳在产生和发展过程中，不仅逐渐形成了自由泳、仰泳、蛙泳和蝶泳等游泳技法，而且成为康体休闲的重要项目之一。经常进行游泳锻炼，能使人体神经、呼吸和循环系统的机能得到改善，而且能促进身体匀称、协调和全面的发展。一般游泳场所都有人造海滩、湖泊、天然泉水、江河、溪流等新开发出来的天然游泳设施和各种室内外游泳池。

随着游泳运动的发展，游泳的分类也越来越细，一般有竞技游泳、实用游泳、花样游泳等。最常见的竞技游泳有自由泳、仰泳、蛙泳、蝶泳。实用游泳是指为了生产、斗争、国防建设和生活需要而进行的游泳活动，主要包括踩水、侧泳、反蛙泳、潜泳、武装泅渡和水上救护等。花样游泳是集舞蹈、体操、游泳等项目于一体的竞技体育项目，对运动员的身材、泳装、头饰、音乐及动作编排都有很高的要求，要做出多组推举、旋转、弯曲等动作，这些动作都不能借助于池底的地面，还要在不呼吸的情况下做伸展，常规动作要持续 5 min。花样游泳分为单人、双人、集体等比赛项目。它通过运动员的肢体在水面上的运动来配合音乐，展现出各种优美动作和各种造型的艺术性技巧，带给群众美好的享受，故有“水上芭蕾”的美誉。

3. 网球运动

网球运动起源于法国，后传入英国并在英国发展起来。英国的温菲尔特少校是现代网球运动的创始人。随着时间的推移，在全球范围内逐渐形成了澳大利亚网球公开赛、法国网球公开赛、温布尔登网球锦标赛、美国网球公开赛四大满贯赛事。中国的网球运动是在 19 世纪后期由英、美等国的商人、传教士传入的。近年来，网球运动开始在我国兴起，不仅专业运动员的水平得到迅速提高，而且作为健身娱乐活动，也逐渐受到越来越多的人喜爱。由于其运动量大小可随运动者自身情况来调节，男女老少咸宜，况且该运动技术难度不是很大，只要反复练习就可以较快地提高技术水平，因而能提高运动者的兴趣。该运动还能提高人的反应能力，增强灵敏度和身体的协调能力，并且随着运动量的加大能有效提高耐力和爆发力。最具吸引力的是，这项运动所需的场地不是很大，许多饭店、度假村都利用现有场地修建了网球场，供顾客消闲康体之用。

4. 台球运动

关于台球运动的发源地和年代有不同的说法，但比较一致的说法是：台球是在 14—15 世纪由欧洲人发明的一项室内运动。早期的台球是用黄铜和木材制造的，后来改用象牙制造。1868 年，美国“塑料工业之父”海亚特研制成功塑胶台球，从而降低了台球消费的门槛。台球作为高雅的康乐活动的代表，受到了人们的欢迎。台球最早在亚洲的传播是伴随着殖民主义者的入侵而来的。随着 1978 年的改革开放，台球运动再次进入中国。现在，随着社会经济迅速发展，台球也和其他体育休闲运动一样得到普及发展，台球的真实面貌为众人所认知。特别是众多体育场馆、俱乐部、康乐中心和饭店都开设了正规的台球厅，开启了台球在中国发展的新时期。

5. 保龄球运动

现代保龄球运动的前身是“九柱球戏”，它起源于公元 3—4 世纪的德国，是天主教打击恶魔的宗教仪式活动的一个组成部分，用来测试教徒的信仰程度和忠诚度。后来逐渐演变成为与宗教信仰毫无关系的民间游戏，并逐渐由户外转到室内，传遍整个欧洲。1952 年，在芬兰赫尔辛基成立了国际保龄球联合会（FIQ），又称为国际保龄球联盟（简称国际保盟）。国际保龄球联合会统一了保龄球运动的场地和规则，举办了国际比赛。在 1992 年巴塞罗那奥运会上，保龄球被列为正式比赛项目。

保龄球运动在20世纪初传入中国。1982年12月，上海锦江饭店同美国AMF公司合作，在上海锦江俱乐部建成了有6条自动化球道的保龄球场，成为全国首个自动化保龄球场。1995—1997年，是保龄球在我国人为炒作的发展时期，保龄球球道从1 000条剧增至20 000条。紧接着，保龄球行业的发展进入衰退期，球道数目迅速萎缩。目前，保龄球的消费市场还没有完全恢复。

6. 高尔夫球运动

高尔夫球运动15世纪起源于苏格兰，18世纪开始流传到世界各地，19世纪20年代传入亚洲。第二次世界大战以后，高尔夫球运动迅速发展，现已遍及世界各大洲，并逐渐奠定了其优雅、高贵的形象，成为一种时尚或某种身份的象征。高尔夫球运动已逐渐渗透到人们的都市生活中。目前，世界各地高尔夫球的组织和赛事繁多，主要有美国高尔夫球协会、美国高尔夫球公开赛、美国业余女子高尔夫球锦标赛、英国职业高尔夫球协会、英国高尔夫球公开赛、高尔夫球世界杯锦标赛等。

我国早在宋代就流行着一项和现代高尔夫球相类似的运动——捶丸运动，它与今日的高尔夫球运动有很多惊人的相似之处。1896年，中国上海高尔夫球俱乐部的成立标志着现代高尔夫球运动进入了中国。但直到改革开放以后，高尔夫球运动在中国才获得较快发展。1985年5月，中国高尔夫球协会在北京成立，自此以后，中国高尔夫球产业蓬勃发展。

7. 歌舞类娱乐

歌舞类娱乐的历史源远流长，自有人类以来就有了歌舞。华夏民族历来被称为“礼仪之邦”，“乐”和“舞”是“礼仪”的重要组成部分。许多古文物和古文献的记载显示，歌舞是先民节日庆典中的内容，具有氏族群体祀神娱神的性质。我国河南出土的8 000年前的骨笛充分显示出歌舞艺术起源的久远。

歌舞厅是集酒吧、歌厅、舞厅等于一体的综合性休闲场所，也是集个性化、灵活性和娱乐性于一体的康乐场所，它通过环境和歌舞节目的渲染为顾客提供了一个释放心灵、加强交流和沟通的地方。国际交流的增加、歌舞类别的增多、可供选择的种类日益丰富，满足了不同年龄、性格、生活背景消费者的需求。

目前，歌舞厅开设的项目既包含了中国传统表演类节目，如民乐、民歌、民族舞蹈、传统曲艺等，又包含了西方表演类节目，如古典音乐演出、流行音乐演出、西方爵士舞、现代舞等。

8. 桑拿、汗蒸、水疗

桑拿浴是一种特殊的洗澡方法，是通过高温使人体大量出汗，改善血液循环，排除体内毒素，使血管反复扩张及收缩，增强血管弹性，预防血管硬化。广义的桑拿浴有干蒸和湿蒸两种洗浴方式，干蒸桑拿浴由芬兰传入中国，因而称为芬兰浴；湿蒸桑拿浴则由土耳其传入中国，因而称为土耳其浴。1979年，广州东方宾馆引进中国第一台洗浴设备，从那时起，这两种洗浴方式在中国被统称为“桑拿”。桑拿浴在欧美国家相当受欢迎，改革开放后才逐渐在中国盛行起来。

目前，在我国日趋流行的还有韩式汗蒸。韩式汗蒸是从古老的黄泥汗蒸演变成如今的高科技、高效能、多用途的新一代细胞浴，与桑拿相比，适用的人群更加广泛。汗蒸房室温控制在38～43℃之间，通过加温和保温，使人体细胞由休眠状态转化为运动状态，加快人体血液循环及新陈代谢，排出体内毒素，平衡人体酸碱度，补充新的营养物质，从而起到保健和治疗的作用。

水疗是利用不同温度、压力和溶质含量的水，以不同形式和方法（浸、冲、擦、淋洗）作用于人体，利用温度、机械、化学等刺激全身或局部，进行预防和治疗疾病的方法。历史上最常见的水疗法是利用温泉来治疗疾病，我国自古就有“神农氏尝百草之滋味，知水泉之甘苦，令民之所避就”的记录。近几年随着 SPA 的盛行，水疗法开始展现其崭新的魅力。

9. 美容美发

化妆的历史比壁画或绘画的历史还要长。我国是世界上最早使用化妆品装饰自身的民族之一。早在战国时期，当时的妇女就用“燕支”来涂抹面部；到了唐朝，化妆达到了历史高峰，出现了“十眉图”作为眉部化妆的指南；到了宋朝，则开始对手指和脚趾进行修饰。在西方，埃及是最早使用化妆品的国家，浓重的眼线不仅有着美容的功效，还发挥着医学的功能和具有宗教的含义。古希腊时期，化妆大量使用香水和化妆品。古罗马时期，人们开始用蜡和石膏去除毛发。文艺复兴时期，男性和女性都流行夸张的化妆和装扮，化妆成为社交中必备的因素。到了近代，美容化妆更成为迅速崛起的新兴产业，人们在美容化妆上花费的金钱和时间与日俱增。近 30 年来，人们在美容上的消费额以成百倍的速度剧增。

美发又称头发护理，包括洗发、吹发、染发、剪发、定型等。我国的美发历史较短，主要是因为人们认为“身体发肤，受之父母”，到了汉代才有以理发为职业的工匠。“理发”一词最早出现在宋代文献中。到了元明时期，理发更为普遍。我国第一家理发店是清代顺治年间在奉天府创建的。辛亥革命后，许多在日本的中国理发师纷纷回国开设美发店。在西方历史上，美发业最辉煌的时期是古埃及时期，由于天气炎热，古埃及人经常清理毛发，并通过使用假发、染发剂来塑造自我形象，并发明了原始的卷发技术。古希腊、古罗马时期，人们普遍在新月出现的时候到理发店整理发型。中世纪时期，上流社会流行去理发店修剪胡须和打理头发。1872 年，法国人发明了烫发药水。1906 年，第一台烫发机在英国投入使用，烫发服务开始兴起。近年来，美发业在我国发展迅猛，管理日渐规范，发展前景广阔。

10. 保健按摩

按摩的出现是人类正常生理需求使然。人们在身体某些部位有所不适时，就会自然而然地用手掌和手指直接去揉、压、捏，以此来减轻症状，达到止痛、祛乏的作用。

按摩又称推拿，是东方古老的健身方法，是将外力作用于全身部位的表皮、经络、穴位，以利气血流畅、经络畅通、皮毛开窍，从而达到防治疾病、延年益寿的目的。它不仅可以消除疲劳、疏通经络、滑利关节、促进气血运行、强体健身，而且对许多病症，尤其是一些疑难杂症也有一定的疗效。因此，在东方的许多地方，按摩被当做一种医疗手段。随着医学技术的进步和西医的迅速发展，按摩逐渐变成一种辅助治疗和保健的手段。人们在工作之余，去按摩院享受专业的按摩服务，不但可以预防疾病，而且还可以消除疲劳、放松身心。不同国家或地区的按摩根据当地的传统和情况有着很大的不同，具体表现在按摩方法、按摩部位、按摩手法等多个方面，可分为中式按摩、泰式按摩、欧式按摩、指压按摩、推油按摩等；根据按摩目的的不同可分为医疗按摩和保健按摩；根据使用的设施不同可分为手工按摩和器械按摩。在饭店康乐中心经营中具有代表性的是保健按摩。

第三节　饭店康乐项目设置

一、康乐项目设置的基本原则

1. 经济效益原则

在市场经济环境下，人们绝大部分经营活动是为了取得经济利益。饭店康乐项目的设置也不例外，其目的不仅是为了以自己的特色服务来吸引顾客，满足顾客在康乐方面的需求，而且还是为了提高自身的经济效益。需要注意的是，康乐项目的经济效益体现在直接经济效益和间接经济效益两个方面。

目前，大部分康乐项目是单独收费的，例如保龄球、台球、美容美发等。这些项目的经济效益是直接产生的，比较容易统计。然而，消费档次较低的旅游者也希望得到康乐享受，但他们希望住店之后不再另外付费，因此，很多饭店的康乐项目采用较少收费或不收费的方式使顾客感到了实惠，从而提高了客房出租率，达到了提高饭店经济效益的目的。对康乐项目来说，这是一种间接经济效益。

2. 社会效益原则

在强调加强社会主义精神文明建设的今天，饭店康乐项目的设置不但要注重经济效益，而且应该注重社会效益，积极响应政府有关部门提出的加强全民健身运动、提倡健康的娱乐活动的号召，为树立良好的社会风气作出贡献，尽量满足社会对康乐活动的需求。

3. 满足顾客正当需求的原则

随着现代社会文明的日益进步，游客对吃、住、行的要求不断提高。到了今天，随着旅游饭店设施和服务水平的不断改善，人们对旅游的期望值也在不断提高，即不仅在吃、住、行方面的要求更高，而且要求住店期间能有康乐方面的享受。

人们对康乐享受的意识在不断增强，而且不单把旅游度假看成是游玩，更把它当做丰富精神生活、锻炼身体、增加知识的途径。可以看出，人们越来越重视康乐活动对身心健康的作用。因此，饭店康乐项目的设置应当满足顾客的这一正当要求。而作为消极康乐产品代表的色情活动、赌博、毒品则要坚决取缔，不得经营。

4. 因地、因时、因店制宜原则

旅游饭店的建设，总是根据地理位置、环境条件、顾客数量和顾客层次等不同特点而进行。饭店的设施配置应尽量达到顾客的期望值，以满足不同顾客的不同需求。因此，饭店康乐项目的设置以及各个康乐项目的配备，都应因地、因时、因店而有所不同。例如，受场地限制的饭店不可能设置占地面积较大的乡村高尔夫球场；如果希望打高尔夫球的顾客多，可考虑建模拟高尔夫球场或城市高尔夫球场；如果饭店的规模较小，则不必建夜总会这样的项目；寒冷地区的饭店一般不宜建室外游泳池。

二、康乐项目设置的主要依据

1. 市场需求

从市场总体来看，消费者的需求不可能得到完全满足，总会有一些未被满足的需求。另外，消费者的需求也会随着市场的发展、环境的变化、时间的推移而不断变化。市场需求会随着人口数量、经济收入、文化水平、竞争规模、商品供应量和价格、资源开发等因素的变化而变化。过去，我国饭店能够提供的康乐项目很少，满足不了住店顾客的需求。今天的顾客除了要求住得好、吃得好之外，还需要娱乐和健身。为了满足顾客的需求，旅游饭店引进了酒吧、闭路电视、台球、保龄球、高尔夫球、网球、卡拉 OK 厅、夜总会等康体、娱乐项目。所以说，康乐项目的设置首先是为了满足市场需求。在具体确定市场需求时，还要分析每个服务项目的市场需求量，即服务项目利用率的高低，要防止某个项目的规模和接待能力过大或不足而影响饭店的经济效益。

2. 饭店星级

康乐活动是具有现代意识的旅游新观念，这一观念现在已经越来越受到人们的重视。在西方国家的“休假性饭店”和“公寓式饭店”标准中，都明文规定要有健身、娱乐设施，并要求设有康乐中心，如果达不到标准，饭店就会被“降星”。在《旅游饭店星级的划分与评定》标准中，明确要求三星级饭店必须有舞厅、按摩室、美发厅、多功能厅，四星级饭店还要增加游泳池，五星级饭店还要增加网球场等项目。

3. 资金能力

康乐项目的设置应该依据投资者投入的资金量力而行。建一个综合娱乐项目所需要的资金可能与建一家相当规模的饭店差不多，但建一个饭店中适度规模的康乐中心则用不了那么多资金。因此，资金能力是康乐项目设置的依据之一，投资者、设计者要做到心中有数。

4. 客源消费层次

饭店康乐项目的设置，要在调查研究的基础上根据客源层次及其相应需求来决定。也就是说，市场定位要准。要注意工薪阶层与商务阶层、商务顾客与纯度假旅游顾客需求的不同，要根据不同顾客的需求设置相应的康乐项目。

5. 客房接待能力

一般情况下，根据饭店客房接待能力可以推算出饭店康乐中心需要具备的接待能力，从而决定康乐项目的设置规模，这是针对只接待住店顾客的饭店而言的。但有的饭店康乐中心在接待本店顾客的同时还要接待店外顾客，这时就要考虑市场半径之内的客流量，并依此决定饭店康乐中心的规模。

6. 康乐项目经营的社会环境

外部社会环境对康乐项目的经营能够产生很大的影响，因此，在设置康乐项目时，应该把社会环境作为依据之一。与康乐项目经营联系较为密切的社会环境有地区经济环境、人文环境、政治环境等。

第四节　康乐中心组织结构和人员构成

康乐中心是一个组织，作为组织就要有一个正规的机构。不同饭店康乐中心的类型、规模和组织不尽相同，但是各康乐中心组织机构的设置原则和设计方法是基本一致的。康乐中心的组织作为保障康乐中心正常运行的管理机构，对康乐中心的经营起到很重要的作用。康乐中心的组织机构是通过运用适当的管理方法和技术手段，建立优化的组织系统和劳动组合，发挥康乐中心组织中所有人员的作用，把投入到饭店或康乐中心的资金、物资以及信息资源转化为可供出售的康乐产品，实现高效率的管理。

康乐中心的组织既是康乐中心正常运转的重要条件，又是康乐中心管理的重要内容。设置康乐中心的组织机构及工作岗位时，要以饭店的管理系统及运行模式为指导，遵循组织管理的基本原理，适应饭店的发展变化，力求科学合理。

一、康乐中心机构的设置形式

康乐中心集休闲、娱乐于一体，是饭店除客房、餐饮之外的一个必不可少的配套服务部门。随着旅游业的不断发展和旅游观念的不断更新，康乐项目的经营作为竞争手段而备受重视。为提高康乐中心的经营能力，作为一线业务部门，康乐中心常实行直线职能制管理（见图 1—1)。由于康乐中心经营项目的专业化、多样化，康乐中心可根据自身与饭店的所属关系来进行组织机构设置。

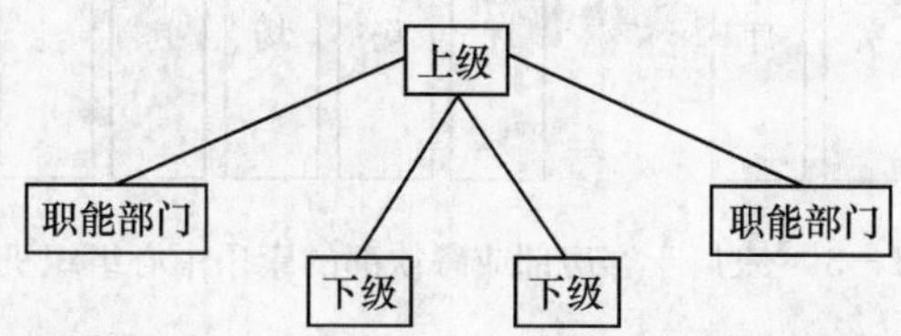

图 1—1　直线职能制组织机构示意图

饭店康乐中心的组织机构一般有两种模式：一种是康乐中心直属于总经理领导，如图 1—2 所示；另一种是康乐中心隶属于饭店的某一个部门，如客房部或餐饮部，如图 1—3 所示。采用何种模式主要取决于康乐中心在饭店投资或经营中所占的比重以及创造的经济效益。

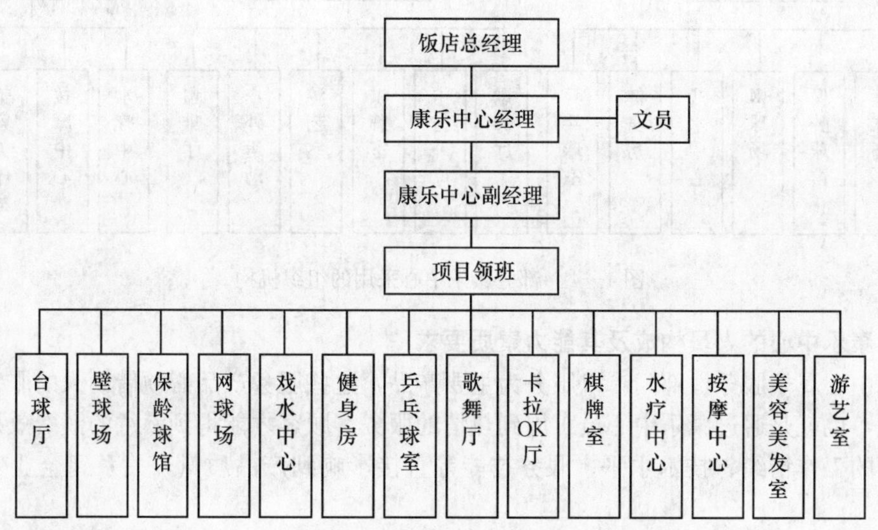

图 1—2　直属于总经理领导的康乐中心组织机构

为了提高部门的经营能力，更好地把握顾客的消费需求，提供超常规的针对性服务，获得更多的利润，部分康乐经营者对康乐中心经营项目进行了归类和划分，从专业化管理的角

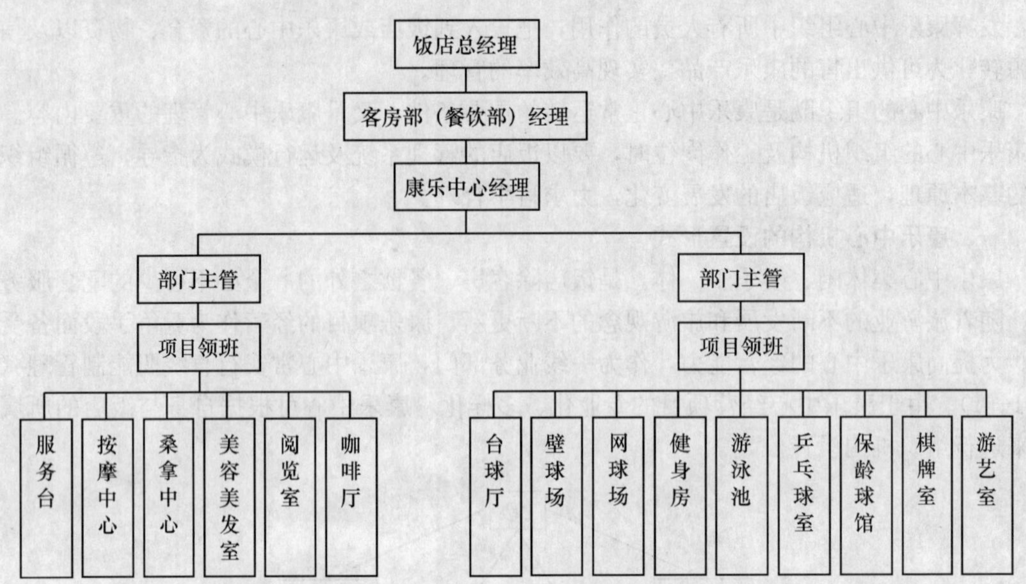

图 1—3　隶属于客房部或餐饮部的康乐中心组织机构

度进行设置，方便康乐设施集中设置、统一管理，使接待台、酒吧、更衣室、淋浴中心、休息室等配套设施实现资源共享，节省投资成本，提高使用效率，如图 1—4 所示。

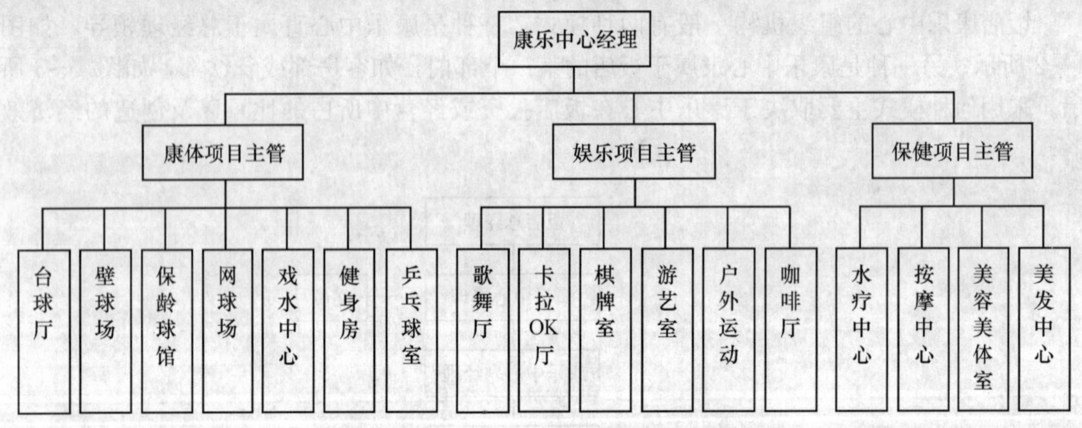

图 1—4　部分康乐中心采用的组织机构

二、康乐中心的人员构成及其能力素质要求

康乐中心属于服务性部门，以服务为主要产品，这些服务产品必须借助人的服务才能实现其价值，也就是通过康乐中心员工周到热情的服务，顾客才能得到满意的消费效果。康乐中心员工的工作情绪、技术水平、服务技能等直接影响到产品质量，关系到企业效益的实现。

康乐中心工作人员是饭店向顾客提供康乐服务所依赖的系列人员，是康乐中心完成经营任务、满足顾客需要的载体。在目前的康乐经营中，康乐中心工作人员可由康乐中心管理人员、康乐中心服务人员、康乐项目专业人员、康乐中心设备维护人员四类人员构成。

康乐中心管理人员是对康乐中心进行经营和管理的人，要对员工、服务质量、康乐设备、营销策略等运筹帷幄。康乐中心服务人员是在顾客进行康乐活动消费时为其提供接待服务、酒水服务、收银服务以及负责活动场所的清洁整理工作等的人员。康乐项目专业人员是利用自己具备的项目专业知识来为顾客提供专业服务的人员，如美容师、救生员、健美操教练等。康乐中心设备维护人员是对康乐中心的专业设备设施进行维修保养的技术工人。这四类人员在工作中彼此配合、相互补位，为康乐中心的经营和服务提供人员和业务方面的保障。

1. 康乐中心管理人员的素质和能力要求

饭店是社会的一个缩影，具有较强的开放性，它的管理人员与其他行业的管理人员有所不同。作为康乐中心的管理人员，不仅应该具备饭店管理者的一般素质，而且应该具备康乐中心这一特定部门领导者的应有素质。

（1）高尚的品质

这种品质不仅应体现在“重信誉、守信义”的诚信品德上，还应充分表现在勇于创新、敢于开拓的意识上。

（2）领导才能

这种才能表现在两个方面：一是组织方面，即能够在康乐中心的管理工作中切实有效地行使组织管理职能；二是凝聚力方面，能够团结员工相互协作，指挥员工遵照服务程序向顾客提供优质的服务。能够对营业前、中、后的工作进行周密的检查和监督，对容易出现问题的薄弱环节加强管理，严格控制成本和降低成本。

（3）开阔的胸怀

这种胸怀表现为：工作第一，不计较个人得失，能听取员工意见，一切以康乐中心的工作得以顺利进行为准则，为员工提供好的升迁机会以及施展才能的舞台。

（4）协调能力

这种能力表现为：能够运筹帷幄，妥善地处理人际关系，在工作中能够较好地协调员工之间、员工与顾客之间、顾客之间的关系和矛盾，使得工作顺利开展，业务圆满进行。

（5）具备丰富的专业知识

这种素质表现为：管理康乐中心时，能做到“外行看来是内行，内行看来不外行”，既懂得康乐活动的基本知识，又懂得日常消费心理学，能准确把握顾客心理。在进行沟通交流时，为顾客提供有针对性的服务，及时解决顾客的困难，展现饭店康乐中心的形象，努力寻找工作与效益紧密结合的途径。

2. 康乐中心服务人员的素质和能力要求

康乐中心开展的康乐项目在内容和形式上具有独立性，对工作人员的素质和能力既有基本要求，又有各岗位的具体要求。

（1）思想政治方面的要求

良好的思想政治素质是康乐中心工作人员做好服务工作的基础。康乐服务员应该有正确的政治立场，坚持党的基本路线，在服务工作中严格遵守外事纪律，讲原则、讲团结，识大体、顾大局，不做有损国格和人格的事。作为康乐中心的一名服务人员，还必须树立牢固的专业思想，充分认识到康乐服务知识对提高服务质量的重要作用，热爱本职工作，在工作中不断努力学习，不断开拓创新；自觉遵守文明礼貌、助人为乐、爱护公物、保护环境、遵纪守法等社会公德；倡导爱岗敬业、诚实守信、办事公道、服务大众、奉献社会的职业道德，养成良好的行为习惯，培养自己的优良品德。

(2) 服务态度方面的要求

服务态度是指康乐服务员在对客服务中表现出来的乐于为顾客提供优质服务的心理状态。服务态度的好坏直接影响到顾客的心理感受。俗话说，“人敬我一尺，我敬人一丈”。服务员所表现出来的主动、热情、周到以及强烈的责任感，可以使顾客在接受服务的过程中感受到优质的服务，并乐于配合服务员的工作，为服务员顺利完成工作任务提供主客观上的便利。

(3) 专业服务知识方面的要求

康乐中心因开展的经营项目跨度大、类别多、专业技术性强，故要求康乐中心服务员知识面较广，具体内容包括服务员的基础知识、专业知识以及康乐项目的相关服务知识。许多星级饭店在招收康乐中心服务员时，往往会根据实际需要对候选人的专业知识进行测试，通过招收具备一定康乐项目专业知识的服务员来弥补康乐中心专业人员的缺乏。

(4) 专业工作能力方面的要求

作为一名合格的康乐中心服务员，必须拥有良好的语言表达能力，能够使用文明礼貌、简明清晰的普通话或外语与顾客交流。由于服务员的工作大多是以手工劳动为主，而且面临顾客多变的需求，所以在服务过程中有着太多的不确定因素，如顾客出现意外、员工操作不当等，需要服务员具备灵活的应变能力，处事不乱，及时应对，妥善处理各种突发情况。饭店康乐中心提供的各项服务往往还可以根据顾客的具体情况进行组合推销，如顾客去健身中心做完运动后，可以建议顾客前往保健中心进行放松、美体，然后建议顾客前往娱乐中心排解压力。这就需要服务员具备良好的观察记忆能力，能对顾客的消费习惯和潜在的消费需求进行敏锐而准确的把握，然后运用推销技巧，使顾客高兴而来，满意而归。

(5) 身体素质方面的要求

饭店康乐中心服务员必须定期体检以取得卫生防疫部门颁发的健康证。作为给顾客带来健康和快乐的康乐中心服务人员，从自身的形象塑造上就要满足顾客的消费心理需求，以健康的身体、饱满的精神，甚至健美的形体来向顾客展现参加康乐活动的风采，吸引顾客来此消费。

(6) 人际关系方面的要求

康乐中心服务员的工作是与人打交道的工作，需要服务员具备良好的人际沟通能力，在与顾客、饭店管理者、部门其他员工的交往中处理好人际关系，增强凝聚力。康乐中心提供的经营项目多样，来康乐中心消费的顾客心理上也存在着差异性，服务员要准确把握顾客心理，针对顾客的不同心理需求提供优质的服务。

3. 康乐项目专业人员的素质和能力要求

康乐项目专业人员是指拥有丰富的专业技术知识，并利用自身所具备的专业知识来为顾客提供专业服务的康乐中心工作人员。他们与康乐中心服务员相比，在工作内容、专业知识上有着根本的区别，如戏水中心的救生员、按摩中心的按摩师、娱乐中心的 DJ、网球陪练等。在康乐中心实际经营过程中，专业人员的业务素质和动手操作能力往往成为吸引顾客前来消费的主要因素之一，有着不可替代的作用。如高级职业美容师凭借丰富的专业知识，准确地诊断出顾客面部的皮肤状况，给予顾客适当的护理建议，然后通过自己的规范操作为顾客面部提供针对性强的护理，使得顾客皮肤得以明显改善，继而对美容师产生信任感，成为饭店美容中心的常客。饭店康乐中心众多专业人员的素质能力是根据各经营项目的具体情况来确定的。饭店在选择专业人员时，也要对本人的思想政治、职业道德、服务态度、专业工作能力、沟通技巧等加以综合考查，选择乐于在饭店工作、擅长与顾客沟通的高水平的专业人员来饭店供职。

4. 康乐中心设备维护人员的素质和能力要求

饭店康乐中心设备维护人员一般隶属于饭店工程部。由于康乐项目种类繁多，即设备设施的品种、规格和型号多样，有高、中、低档之分，所以维护起来具有相当的难度。康乐中心的一些专用设备往往由生产厂家或经销商提供定期维护保养，而一些大众性的设备设施则由工程部人员进行维修，服务员进行日常保养。

思考与练习

1. 康乐服务与管理的任务是什么？

2. 请选择感兴趣的康乐活动，了解其起源和现在的发展情况，并在今后的学习中关注其知识点。在学期结束时，针对该项康乐活动撰写 2 000 字左右的小论文。

3. 请对本地饭店常见的康乐经营项目进行调研，了解相关行业管理政策，并据此以小组为单位制作 PPT，在课堂上做陈述。

第二章

康乐经营环境设计

学习目标

- 掌握康乐经营环境设计的基本原则。
- 掌握康体项目经营场所的设计要点。
- 掌握娱乐项目经营场所的设计要点。
- 掌握休闲保健项目经营场所的设计要点。

案例引入

廖小姐准备投资经营瑜伽馆，并将客源锁定为当地的白领阶层。在简单分析了目标客源后，廖小姐将瑜伽馆的地址选在白领集中的高档写字楼中，经营思路是让顾客在工作闲暇享受放松的感觉。7 月份，廖小姐租用了某写字楼 90 m^2 的办公室，将其改造为瑜伽馆。由于做完瑜伽后不适合洗澡，并且受到租用场地本身建筑格局的限制，故瑜伽馆设置了接待台、休闲区、洗手间、更衣室、办公室、常规瑜伽健身房、高温瑜伽健身房后，没有再设置淋浴间。

在装修风格上，廖小姐选择了地中海风格，采用蓝白色调，使用白灰泥墙、赤陶地面、马赛克拼贴装饰以及锻打铁艺家具来突出自由、天然、浪漫的感觉，并以圆形拱门及回廊营造出延伸般的透视感。在非承重墙上运用半穿凿的方式塑造出室内的景中窗，营造出从容闲散、自由简洁的风格。大量绿色植物的使用，使人和自然的主题得以彰显，突出了瑜伽运动天人合一的自然主义精神。

瑜伽馆开业时，廖小姐通过派发免费体验券、开业特惠酬宾等一系列手段，吸引了部分会员，生意火爆了一阵。没过半年，瑜伽馆的生意就开始走下坡路了。廖小姐与退会会员联系交流，发现主要是经营项目过于单一，时间长了感到枯燥无变化；同时，随着冬季的到来，赤陶地面和铁艺家具使人感到冰冷坚硬；此外，还存在着健身教练更换频繁、洗手间面积狭窄等一系列问题。

廖小姐了解到这些情况后，引入了肚皮舞、普拉提之类的软性健身项目，可这个时候，缺少淋浴间的弊病也随之浮现，严重影响到会员的招募。

课前思考

1. 康乐经营环境设计应遵循哪些原则？
2. 案例中的瑜伽馆应如何设计？

第一节　康乐经营环境设计概述

现代康乐环境设计是一项非常复杂的室内环境设计工程，在设计时必须考虑到功能性和艺术性的结合，树立“以人为本”的理念，以满足人和人际活动的需要为宗旨，以安全、卫生、效率、舒适为基本原则，以解决康乐中心环境中的人、空间、家具、设施等之间的关系问题为目标，在此基础上创造出高品质的康乐空间环境。

一、康乐环境设计的目标

康乐环境设计是人为环境设计的一个主要部分，是指对康乐中心内部空间进行理性创造的方法，是一种以科学为构造基础，以艺术为表现形式，为营造一个精神与物质并重的室内环境而进行的理性创造活动。当今的康乐环境设计包括空间的形态设计、视觉因素的设计、物理环境的设计、配套陈设的设计、空间构造的设计等。设计师需对这些设计的形态元素和知识构造精心策划、有效组合，在综合运用的基础上进行具体的视觉表现，创造出不同风格和境界的室内环境，实现创造的目标价值。

康乐中心室内环境设计的目标价值主要体现在物质和精神两个基本方面。一方面要合理提高室内空间的物质水准，满足使用功能，坚持实用和经济两个主要原则，使有限的物质条件发挥最大的使用功效，以提高人们的物质生活水平；另一方面要提高室内空间的生理和心理环境质量，使人从精神上得到满足，以有限的物质条件创造出尽可能多的精神价值。

二、康乐环境设计的原则

1. 科学合理原则

在进行康乐中心室内环境设计时，通常要考虑功能和形式两个相辅相成的结构层面。功能是形式的具体表述，形式是功能的具体表现。康乐中心环境的主要功能是明确的，就是要向顾客提供专业的、特色突出的、新颖的康乐项目。因此，康乐企业或饭店康乐中心进行环境设计时，要从空间格局的营造、专业区域的规划、设施设备的配置、温度湿度的调节等相关方面着手，打造专业的、舒适的且能够使消费者获得理想使用效果的消费环境，从而使康乐项目发挥出最佳的使用功能，增强其吸引力和市场竞争力。

2. 科学适用原则

在现代室内环境设计中，科学技术是室内环境营造的基础与支撑，同时又推动了室内环境设计向前发展。现代环境设计应充分重视并积极运用当代科学技术的成果，包括新型材料、先进的施工工艺，以及可营造良好声、光、热环境的设施设备。

在现代康乐项目中，无论是传统项目如棋牌、乒乓球、高尔夫球、保龄球，还是新开发的项目如桑拿、水疗、模拟高尔夫球，都不同程度地应用了当代科学技术，从而使各种康乐项目具有不同的技术档次，有针对性地提供给顾客，满足顾客不同的消费需求和心理需要。康乐企业或饭店康乐中心在设计康乐项目时，要根据康乐企业或饭店康乐中心的规模、目标市场、经营宗旨和方针等确定康乐项目和设施设备的档次及水平，使康乐项目和设施设备既先进又适用，提高整个康乐企业或饭店康乐中心的吸引力和市场竞争力。

3. 配套设施齐全原则

在环境设计中，环境的功能往往分为主要功能和次要功能。一般来说，进行康乐环境设计构思的前提是必须满足室内主要功能的要求，弹性解决各种空间功能问题，主要功能的要求是严格的，也是机械的，必须绝对满足。在康乐消费中，康乐设施设备和消费环境是要求主要满足的功能，而与康乐项目相配套的服务项目和设施作为次要功能，也是要加以统筹考虑的。

4. 突出特色原则

康乐项目的种类有很多，康乐设施设备的品种、规格、型号、档次更是数不胜数，因此，在进行康乐企业或饭店康乐中心的设计时，有必要在进行可行性研究的基础上，按照企业的经营宗旨、经营方针、目标市场选择独具特色的康乐项目及其设施设备。在一个地区内，只有那些富有个性、设施设备先进、服务质量优良的康乐企业或康乐中心，才能在市场上拥有一定的占有率。

5. 匹配原则

匹配原则是指任何康乐项目，除了具备必要的项目设施设备和必需的相关设施设备及服务外，还要求康乐项目设施设备与配套设施设备相匹配，即在规格、档次、数量等各方面都要相适应。如桑拿浴室的面积要与更衣箱数量相匹配，健身房各种设施设备的质量和档次要一致。

6. 可持续发展原则

可持续发展的基本含义是人类社会的发展应当满足当代人需要，又不对满足后代人需要的能力构成危害，根本目标是通过发展增强经济实力，并使发展与环境的承载力相适应。康乐环境设计的可持续发展原则，既要考虑物质方面，也要考虑精神方面。它是一种文化创造，既要继承优秀的历史文化遗产，尊重历史和生活的印记，又要丰富充实人类的精神文化宝库。这种文化意义上的可持续发展相较于有形的、具体的可持续发展，影响更为深刻、更为久远。

三、康乐环境设计的制约因素

1. 功能

康乐中心的基本功能是向顾客提供健康和快乐。现代康乐中心不论类型、规模、等级如何，其内部功能均应遵循分区明确、联系密切的原则，一般可分为入口区域、接待区域、休息区域、消费区域、舒缓区域、沐浴区域、后勤服务管理区域七大部分。饭店因其规模、类型、等级标准、环境条件及营销战略的差异，其功能空间组织也略有不同，或重视设施设备的配置，或重视康乐功能的设置，或重视服务的质量等，各具特色。

2. 流线

流线俗称动线，是指人、物品、信息等活动的路线，它根据活动的行为方式把一定的空间组织起来，通过流线设计分割空间，从而达到划分不同功能区域的目的。饭店的流线从水平到竖向，分为顾客流线、服务流线、物品流线和信息流线四大系统。

3. 总平面的组成与布局

康乐中心的总平面是处理与康乐中心有关的人、物、环境三者之间错综复杂关系的总体规划与设计。其设计不是一成不变的，同样，康乐中心总平面的组成也不是一成不变的，它会随着建筑环境条件及康乐中心等级、规模、性质的不同而变化。因地制宜、因势制宜是总平面布局的基本要求。

第二节　康体项目经营场所设计

一、健身房的装修设计

健身房的装修风格和色彩明暗可根据整个康乐中心的设计风格来进行规划，并可以根据健身房的定位形象系统来设计。康体环境设计与布局有着严格的要求，康乐经营者必须了解和掌握这些基本要求，才能为顾客创造良好的康体环境，这对于健身房的长期运营具有重要意义。

装修健身房时一定要对健身房的功能区域进行合理划分。健身房的功能区域分为必要功能区域和扩展功能区域。必要功能区域有：器械健身区域，一般包括有氧区、无氧区和力量区；健康舞室，这部分健身区域一般与公众器械区域分隔开来，包括大体操房、热瑜伽房、动感单车房等；前台接待、商务洽谈区和工作（办公）区域，该类区域大小可根据实际情况确定；桑拿沐浴，一般包括淋浴、桑拿房（干蒸、湿蒸）、更衣室、储物间、水流按摩池、SPA服务、推拿间等。扩展功能区域是指一些健身房在必要健身项目基础上增加的健身服务，例如游泳池、跆拳道场地、散打场地、乒乓球室、羽毛球场、网球场、壁球场等。扩展功能区域还包括休闲娱乐区域，一般有游戏厅、电玩室等。有的健身房还设置VIP区，专供某些VIP贵宾会员使用，以提供有针对性的服务。

1. 位置要求

健身房的位置十分重要，应该设于接待处附近，使参观者不必进入器械室也能参观其中的设施，同时又不会打扰顾客的活动，使人感受到整个健身房活力之所在。

2. 面积要求

健身房的设计与布局应根据企业大小及实际需要而定。可建成50～100 m^2 不等，内设动感单车、划船机等各类健身器械。

3. 健身房内设备要求

（1）健身器械不少于五种，各种健身设备摆放整齐、位置适当，顾客有足够的活动空间。

（2）设备性能良好，用途明确。

（3）配备体重秤。

（4）四周墙面适当位置有装饰镜或主题背景墙，使运动者置身于自然环境中，并配有使用健身器械的文字说明和视频。

（5）各种健身器械始终保持完好、安全。

（6）设施设备若有损坏或发生故障，应停止使用，及时维修。

4. 配套设施要求

（1）健身房旁边配备与接待能力相对应档次与数量的男、女更衣室，淋浴室和卫生间。

（2）更衣室配带锁更衣柜、挂衣钩、衣架、鞋架与长凳。

（3）淋浴室各间相互隔离，配冷热水调节喷头。

（4）卫生间配隔离式抽水马桶、挂斗式便池、盥洗台、墙镜及固定式吹风机等卫生设备。

（5）墙面、地面均应满铺瓷砖或大理石，并采取防滑措施。

（6）健身房内设饮水处。

（7）各种配套设施材料的选择和装修应与健身房设施设备相适应。

（8）配套设施完好率应不低于98%。

5. 环境质量要求

（1）健身房门口应设立顾客须知、营业时间、价目表等标牌。

（2）标牌设计要求美观、大方，有中外文对照，文字清楚，摆放整齐，位置得当。

（3）健身房内照明充足。自然采光照度不低于80 lx，灯光照度不低于60 lx。

（4）室内温度保持在18～20℃之间。

（5）室内相对湿度保持在50%～60%之间。

（6）室内有通风装置，换气量不低于40 m^3/人·小时。

（7）适当位置有足够数量的常绿植物调节气候。

（8）整个环境美观、整洁、舒适，布局合理，空气清新。

6. 卫生标准要求

（1）健身房天花板光洁明亮，灯具清洁，无蛛网灰尘。

（2）墙面粘贴高级墙纸，美观大方，无灰尘、污迹、脱皮、掉皮现象。

（3）地面无灰尘、垃圾、废纸。

（4）所有健身器械表面保持光洁明亮，无污迹、汗迹、手印。

（5）各种设备无沙尘、印迹。

（6）饮用水透明、洁净，符合国家卫生标准。

7. 区域位置设计

一般而言，健身房应分隔成下列几个不同区域：

（1）伸展区

在健身中心入口处附近设伸展区，供来宾做健身前的体能舒展。

（2）心肺功能练习室

心肺功能练习室主要用于安置动感单车及台阶练习器等心肺功能训练器械。这些心肺功能训练器械要尽可能摆放于对着房外有景观的地方。动感单车是一个特殊项目，具有极强的煽动性，可以即刻提升会员或参观者的健身欲望，因此一般安排在整个健身房最能引起注意的位置。室内应设置空调设备、音乐系统及室内电视系统，并铺有软地毯。同时，设计时要在适当位置设电源。

（3）体能训练室

体能训练室主要用于放置各种独立式或综合式、单功能或多功能力量训练器械。同时要求放置力量训练器械的地方必须宽敞，符合潮流的设计是在适当位置装设一面镜子。

（4）哑铃练习区

不同重量的哑铃必须并排放置于健身房一角。目前欧美最新的练习区设有观赏坐席，从而方便会员及来宾参观。

（5）健身房

健身房空间应足够大，给健身者以宽敞的感觉，布局安排时应尽量避开立柱。健身房的领操台一般都要配备整块大玻璃镜，显得宽敞明亮。同时，有条件的话，健身房墙壁可用玻璃分隔，这样可以营造健身气氛，同时与器械区保持"亲密接触"，可以提高整个健身房的视觉效果。同时要求配备标准的空调设备、墙镜、柔和灯光、高频音响设备、室内电视系统及饮水喷泉等。

（6）体能测试中心

一个完善的健身中心必须有体能测试设备，以便顾客在运动前检验一下自己的体能，并编排适合的运动程序及难度。正规健身机构的体能测试流程包括如下内容：脂肪测试、身体韧性测试、平衡能力测试、手指握力测试、弹跳力测试、肺活量测试、心肺功能测试、即时反应测试。根据上述测试项目的结果，还有一些平时饮食习惯的问答，计算机会给出一个最后的测试结果，健身教练将根据测试所得的数据和健身者自身的健身需求，专门制订出个性化的健身计划提供给顾客。

二、戏水项目的环境设计

戏水运动主要是游泳运动，这里主要介绍室内游泳池的设计要求。

1. 游泳池设备要求

（1）游泳池设计美观，建筑面积宽敞，层顶高大。顶棚与墙面玻璃应大面积采光良好。

（2）池底设低压防爆照明灯，底部满铺瓷砖，四周设防溢排水槽。

（3）分为深水区和儿童戏水区，深水区的深度不超过 1.8 m，儿童戏水区的深度不超过 0.48 m。

（4）设有自动池水消毒循环系统和加热设施。

（5）池边满铺不浸水绿色地毯，设躺椅、座椅、餐桌，大型盆栽、盆景点缀其间。

（6）配备一定数量的遮阳伞。

（7）进入游泳池设有专用出入通道，入口处设浸脚池。

（8）泳池区各种设施设备配套，美观舒适，完好无损，其完好率不低于 98%。

（9）戏水池、鼓浪池、溅落池的设置。戏水池一般是指供儿童及家长嬉戏的浅水池，水深为 20～60 cm，池中可设置水蘑菇、喷泉、儿童水滑梯、气泡涌泉等休闲娱乐设施。戏水池的面积可视预计客流量而定。鼓浪池是人工模拟海浪的戏水场所，其深度由鼓浪口的 1.8 m 向岸边渐浅，最浅处是 10 cm 深的浅滩。鼓浪池的面积不宜太小，一般应在 400 m^2 以上，大者可达上千甚至上万平方米。溅落池是在水滑梯出口所设的较浅水池，主要起缓冲作用，即让坐滑梯滑下者落入其中而不致摔伤。溅落池宜深 1 m 左右，长度从滑梯出口到岸边不应小于 5 m，宽度应是滑梯宽度的 1.5 倍。

（10）强制喷淋通道和浸脚池设置标准。我国卫生防疫部门明文规定，凡是向社会开放的游泳池都应设置强制喷淋通道和浸脚池。这两项设施都必须设在更衣室和游泳池之间。强制喷淋头可由多个喷头组成一道水帘，用此冲掉顾客身上的浮尘和皮屑。浸脚池是个面积只有几平方米的浅池，池深 10 cm，池内投放消毒药，如次氯酸钠或优氯净，旨在对顾客的脚部进行消毒，用以抑制脚气、脚癣等传染性疾病的扩散。

2. 游泳池配套设施要求

（1）游泳池旁边配备与接待能力相对应档次与数量的男、女更衣室，淋浴室和卫生间。

（2）更衣室配带锁更衣柜、挂衣钩、衣架、鞋架与长凳。

（3）淋浴室各间相互隔离，配冷热水喷头、浴帘。

（4）卫生间配隔离式抽水马桶、挂斗式便池、盥洗台、墙镜及固定式吹风机等卫生设备。

（5）墙面、地面均应满铺瓷砖或大理石，并采取防滑措施。

（6）游泳区内设饮水处。

（7）各种配套设施材料的选择和装修应与游泳池设施设备相适应。

（8）配套设施完好率不低于 98%。

3. 游泳池环境要求

（1）游泳池环境美观、舒适、大方、幽静。

（2）游泳池门口设营业时间、顾客须知、价目表等标牌。

（3）标牌应设计美观，有中外文对照，字迹清楚。

（4）室内游泳池、休息区、配套设施整体布局合理协调，空气清新，通风良好，光照充足。

（5）室内换气量应不低于 30 m^3/人·小时。

（6）室内自然采光率应不低于 30%。

（7）室内温度保持在 25～30℃之间，水温低于室内温度 1～2℃。

（8）室内相对湿度保持在 50%～90%之间。

（9）休息区躺椅、座椅、餐桌摆放整齐、美观，绿色植物摆放赏心悦目。

4. 游泳池卫生要求

（1）顶层玻璃与墙面干净、整洁，地面无积水。

（2）休息区地面、躺椅、餐桌、座椅、用具无尘土、污渍和废弃物。

（3）边角无卫生死角。

（4）更衣室、淋浴室、卫生间天花板光洁明亮，墙面、地面整洁卫生，无灰尘、蛛网，地面干燥，卫生间无异味。

（5）所有金属件光亮如新，镜面光洁。

（6）更衣柜内无尘土、垃圾。

（7）游泳池水质清澈透明，无污物、毛发。

（8）池水定期消毒、更换，氯值保持在 7.5±0.2 之间。

（9）细菌总数不超过 1 000 个/L。

（10）饮用水无色、透明，清洁卫生，符合国家卫生标准。

三、球类运动项目的环境设计

1. 网球场设计要求

(1) 网球场设计要求

1) 网球场应设计成长方形。

2) 单打场地的长度为 23.77 m，宽度为 8.23 m。

3) 双打场地的长度为 23.77 m，宽度为 10.97 m。

4) 球场正中心设网球网，将整个球场分为两个面积相等的半场。

5) 网球场场地可以是草地、硬地、泥地等，但以沥青涂塑等合成的铺面硬地较为普遍。

(2) 设施设备要求

1) 球场符合国际网球比赛标准。

2) 场地平整，照明充足，光线柔和，顶灯下设反射罩。

3) 球网、球板质量优良。

4) 室内网球场有足够高度，墙面深色、整洁，无任何装饰物。

(3) 卫生质量要求

1) 网球场场地平整清洁，无废纸、杂物和垃圾。

2) 球网清洁，无破损。

3) 墙面光洁，无灰尘、蛛网。

4) 场地洁净，无废纸、杂物。

5) 各种卫生洁具表面干净，无污迹。

6) 卫生间无异味。

2. 乒乓球室设计要求

(1) 球室设计要求

1) 标准乒乓球场地为长方形。

2) 场地长度不得小于 14 m，宽度不得小于 7 m，天花板高度不得低于 4 m。

(2) 设施设备要求

1) 标准用球的直径应为 40 mm，质量为 2.7 g。

2) 乒乓球球台为长方形，长 2 740 mm，宽 1 525 mm，高 760 mm。

3) 球台台面应与水平面平行。

4) 球台弹性标准为标准球从 0.3 m 的高度落到台面，其弹跳高度约为 0.23 m。

5) 球网将球台划分为两个相等的台区，球网高度为 15.25 cm。

(3) 配套设施要求

1) 球室旁边配备与接待能力相对应档次与数量的男、女更衣室和卫生间。

2) 更衣室配带锁更衣柜、挂衣钩、衣架、鞋架与长凳。

3) 卫生间配隔离式抽水马桶、挂斗式便池、盥洗台、墙镜及固定式吹风机等卫生设备。

4) 墙面、地面均应满铺瓷砖或大理石，并采取防滑措施。

5) 球室内设饮水处。

6) 各种配套设施材料的选择和装修应与球室设施设备相适应。

7) 配套设施完好率应不低于 98%。

(4) 环境质量要求

1) 乒乓球室布局合理，通道、过道、观众席分布合理。

2) 球室外设营业时间、顾客须知、价目表等标牌。

3) 各种标牌齐全、美观、大方、醒目，有中外文对照，字迹清楚。

4) 室内与观众席照明充足，气氛和谐，自然采光良好。

5) 灯光照度不低于 100 lx，光线柔和，照明均匀。

6) 室内温度保持在 19～20℃之间。

7) 室内相对湿度保持在 50%～60%之间。

8) 通风良好，空气清新，换气量不低于 30 m^3/人·小时。

9) 观众席与配套设施环境整洁、美观，顾客有舒适感。

(5) 卫生质量要求

1) 乒乓球室内场地平整光洁，墙面、地面无灰尘、污物、废纸和杂物。

2) 所有用品、用具清洁卫生，无汗渍、污迹。

3) 更衣室、卫生间的卫生要求与游泳池相同。

4) 球台台面光洁，无灰尘、污迹。

5) 球网清洁，无破损。

3. 台球室设计要求

(1) 设施设备要求

1) 台球室设计美观，面积大小与球桌安排相适应。

2) 球桌、球杆、台球、记分显示等运动器材和设备，符合国际比赛标准。

3) 球桌坚固平整。

4) 室内照明充足，光线柔和。

5) 各种设备齐全、完好，无损坏。

6) 设施设备完好率趋于 100%，不低于 98%。

(2) 配套设施要求

1) 球室旁边配备与接待能力相对应档次与数量的男、女卫生间。

2) 卫生间配隔离式抽水马桶、挂斗式便池、盥洗台、墙镜等卫生设备。

3) 墙面、地面均应满铺瓷砖或大理石，并采取防滑措施。

4) 球室内设饮水处。

5) 各种配套设施材料的选择和装修应与球室设施设备相适应。

6) 配套设施完好率应不低于 98%。

(3) 环境质量要求

1) 台球室门口设营业时间、顾客须知、价目表等标牌。

2) 标牌设置齐全，设计美观，安装位置适当，有中外文对照，字迹清楚。

3) 室内球桌摆放整齐。

4) 球桌之间和四周通道宽敞，两桌间距离不少于 2.5～3 m。

5) 室内温度保持在 20～22℃之间，室内相对湿度保持在 50%～60%之间。

6) 自然采光良好。

7）灯光照度不低于 60 lx，照明均匀。

8）换气量不低于 30 m^3/人·小时。

9）整个球室环境美观、舒适、大方、幽静。

（4）卫生标准要求

1）台球室每日打扫卫生，随时清洁。

2）球台平整光滑，台面无污迹，一尘不染。

3）墙面壁饰整洁美观，无蛛网、灰尘和污迹，不掉皮、脱皮。

4）地面洁净，无废纸、杂物和卫生死角。

5）所有用品、用具摆放整齐、规范。

4. 保龄球馆设计要求

（1）保龄球馆设计要求

1）球道应用枫树或松树等硬质木料铺成。

2）球道设计水平、光滑、细长。

3）球道长 61 ft，宽 41.5 in。①

4）球道终端摆放 10 个木瓶柱，摆成三角形。

（2）球馆设施要求

1）球馆面积宽敞，空间高大。

2）球道、自动回球设施、记分显示、球路显示等设施符合国际保龄球比赛场地标准。

3）球道及其四周木质地板高档、豪华。

4）墙面、天花板建筑装修美观、舒适。

5）馆内照明充足，光线柔和。

6）球馆旁边或附近根据需要设有小型酒吧。

7）球馆设施设备配套齐全，完好无损。

（3）配套设施要求

保龄球馆的附属设施包括：观众席及观众休息区、服务台及公用鞋存放柜、公用球存放架、私人物品存放柜、吧台及饮料库房、保龄球用品商店及修球打孔设备、保龄球机械维修备件库房、员工更衣间、客用卫生间及清洁用品存放处、球道打磨机及落油机存放处等。设置这些设施时，需要在建筑布局上统筹安排。

（4）卫生质量要求

1）馆内场地平整光洁，墙面、地面无灰尘、污迹、废纸和杂物。

2）所有用品、用具清洁卫生，无汗渍、污迹。

3）球道表面光洁，无灰尘、污迹。

5. 室外高尔夫球场设计要求

独具匠心的高尔夫球场设计，不仅能使球员心旷神怡，而且能刺激高尔夫球选手的征服感，这才是高创意、高品位球场的生命所在。因此，高尔夫球场设计必须精心策划，力求达到最高境界。

---

① 1 ft 合 0.304 8 m，1 in 合 2.54 cm。

（1）室外高尔夫球场设计要求

1）室外高尔夫球场因占地庞大（球道总长为 2 000～2 500 m），所以多建于郊区，一般设在风景优美地区和公园草地上。

2）高尔夫球场的形状和大小无统一标准，面积约 50 hm^2。

3）高尔夫球场一般掘有 9 个或 18 个洞穴，一个标准的高尔夫球场设 18 个球洞。

4）各个洞穴之间有首尾衔接的球道，长度为 200～500 m。

5）每个洞穴的起点与终点之间有开球区、障碍物和平坦的草坪。

6）每个洞场地均设发球台、球道和球洞。

7）以发球台为起点，中间为球道，果岭上的球洞为终点。

8）1～9 号为前九洞，10～18 号为后九洞。

9）高尔夫球场通常分为长、中、短三种球道。

10）长球道男子距离在 471 码以上，女子在 401～575 码以内，标准杆为 5 杆。

11）中球道男子距离为 250～470 码，女子为 211～400 码，标准杆为 4 杆。

12）短球道男子距离为 250 码以内，女子为 200 码以内，标准杆为 3 杆。

13）前九洞和后九洞均设长、短距离的球道各 2 个，中等距离的球道 5 个，18 个洞的标准杆为 72 杆。

（2）设施设备要求

1）发球台设计为一块草皮较密的矩形区域，球员可以将球直接置于发球台的地面上，或放在木质或胶质的球座上来发球。

2）发球台略高于球道地面，呈阶梯状，修理平整。

3）发球台上设两个球状标志，相距 5 码左右。

4）每一发球台设三组远近不一的标记，作为发球线。

5）最前面的为业余女子发球线，中间为业余男子和高水平女子发球线，最远的为高水平男子发球线。

6）球道是球场占地面积最大的区域，为正常击球落球区，总长为 2 000～2 500 m。

7）球道两侧设深草、草丛和树林区，也称粗糙地带。

8）球道周围设沙坑、水塘、小溪等区域，也称障碍物地带。

9）果岭区的草通常要比球道上的草短些，以利于顺畅地推杆。

10）果岭上应设置一个直径为 4.25 in 的圆洞，是每一回合比赛最终的结束点。

11）球洞内设有一个供球落入的金属杯，杯的直径为 4.25 in，深 4 in。

12）在金属杯的中心设一面旗子，旗上标有洞的序号，为高尔夫球选手指明方向。

13）在临近果岭区的旁边设一草地区域，草的长度要比果岭区上的草长些，但是要比球道上的草短些。

14）在球道沿途与果岭区四周设沙坑障碍，用以提高比赛难度。

15）在球道侧面设置水障碍，其中一部分是无法抛球或是无法在其后方抛球的水域；侧面水障碍应以红色杆或线予以界定。

16）在球场中还可以设海、湖、池塘、河川等障碍，以黄色木棒或画线为界。

17）在球场中设置供球员在正式比赛或打球前做热身挥杆、击球练习的场地。

（3）环境质量要求

1）球场门口环境美观。

2）球场门口设营业时间、顾客须知、价目表等标牌。

3）标牌设计美观、大方，安装位置合理，有中外文对照，字迹清楚。

4）球场内部通道、过道、球道、记分显示、球路显示等设施布局合理，整体协调、美观。

5）球场内各种器材摆放整齐。

（4）卫生质量要求

1）场地地面无污物、废纸和杂物。

2）所有用品、用具清洁卫生，无汗渍、污迹。

6. 室内高尔夫球场设计要求

（1）室内高尔夫球场设计要求

1）室内高尔夫球场的高度不能低于 3.3 m，因为除模拟器械需要 3 m 外，挥杆练习区也应尽量不设独立梁楼，方便练习。

2）场地面积能摆放各种设施设备。

（2）设施设备要求

1）多台模拟系统。

2）每个模拟系统外设顾客观赏区、摆放台及 3～4 把座椅。

3）根据场地规模及顾客目标而设置挥杆练习区，每台模拟器应配备不少于 4 个挥杆练习区。

4）设置占地 50～100 m^2的果岭练习区。

（3）配套设施要求

1）球场旁边配备与接待能力相对应档次与数量的男、女更衣室，淋浴室和卫生间。

2）更衣室配带锁更衣柜、挂衣钩、衣架、鞋架与长凳。

3）淋浴室各间相互隔离，配冷热水喷头、浴帘。

4）卫生间配隔离式抽水马桶、挂斗式便池、盥洗台、墙镜及固定式吹风机等卫生设备。

5）墙面、地面均应满铺瓷砖或大理石，并采取防滑措施。

6）球场内设饮水处。

7）各种配套设施材料的选择和装修应与球场设施设备相适应。

8）配套设施完好率应不低于 98%。

（4）环境质量要求

1）球场门口设营业时间、顾客须知、价目表等标牌。

2）标牌设置齐全，设计美观，安装位置适当，有中外文对照，字迹清楚。

3）球场内模拟装置及其他设备摆放整齐。

4）室内温度保持在 20～22℃之间，室内相对湿度保持在 50%～60%之间。

5）自然采光良好。

6）灯光照度不低于 60 lx，照明均匀。

7）换气量不低于 30 m^3/人·小时。

8）整个球场环境美观、舒适、大方、幽静。

（5）卫生标准要求

1）球场内每日打扫卫生，随时清洁。

2）模拟装置等设备无污迹，一尘不染。

3）墙面壁饰整洁美观，无蛛网、灰尘和污迹，不掉皮、脱皮。

4）地面洁净，无废纸、杂物和卫生死角。

5）所有用品、用具摆放整齐、规范。

7. 壁球场设计要求

壁球场占地面积较小，长 9.6 m，宽 6 m，高 7 m，面积为 57.6 m^2，相当于网球场占地面积的 1/10。壁球场的墙壁要求硬而平，地面要用较硬的木料铺设。球场是一个封闭的房间，打球时只允许运动员在场内，裁判席和观众席均设在场外。早期的壁球场在后墙壁上装有玻璃窗，供裁判和观众观看比赛。现在壁球场的后墙壁全部为透明玻璃，这样既美观又便于观看，观众席则为阶梯状看台。专用比赛场地的四面墙壁均用玻璃装修，裁判和观众能从各个角度观看比赛。

第三节　娱乐项目经营场所设计

饭店作为一个微缩的社会，顾客来自各行各业，遍及世界各地，娱乐需求也各有不同。因此，康乐中心在提供娱乐项目时，需要分析顾客的消费需求，综合考虑饭店的具体情况、所在地的人文历史以及开设娱乐项目的背景等。

一、歌舞厅、夜总会的设计

歌舞厅内外环境的营造有着很大的变迁性、多元性和流行性。随着时间的推移，人们审美意识和生活观念的变化，歌舞厅装饰往往处于不断更新与变革之中。但无论怎样变化，都不能脱离功能和美感的统一、视觉和心理的统一、古典美和时代感的统一。

歌舞厅装饰布置是以视觉为主要内容、以经营方便为理念的室内环境艺术，在运用中需要掌握三个法则：第一，合理地组织和使用空间。如舞台与舞池的过渡自然，休闲区与娱乐区相互渗透，不应浪费空间。第二，合理地运用色彩的特性和规律，使顾客产生不同的情感，创造出歌舞厅环境所需要的各种功能和气氛。第三，合理地选择照明。在照度、光质和照明方式上配合歌舞厅不同区域场合的需求，为歌舞厅的使用功能和环境气氛注入生机。

1. 歌舞厅门面

（1）标牌醒目大方、美观实用、色彩鲜明，可采用可变霓虹灯装饰，安装位置合理，有书写规范的中英文对照。

（2）应设立字迹清楚的营业时间表、方向指示牌、促销海报、水牌等。

（3）顾客须知经当地公安机关审核，符合安全要求。

2. 迎宾区

（1）迎宾区设在大门口处，负责检票、顾客问询及小件寄存，并引领顾客。

（2）服务台外观形态必须与歌舞厅规模、等级相一致。材料应选择经久耐用、易于清洗的大理石或磨光花岗石及硬木等。

(3) 可采用强度彩色照明，以加强区域过渡感，并带来热情迎宾之感。

3. 吧台

(1) 歌舞厅吧台注重装饰的风情格调，气氛独特。设置吧台，可以直接向顾客展示酒水和当面制作鸡尾酒，激发顾客的购买欲望，也利于酒水管理。

(2) 吧台的一般面积是 1.8～2.0 m^2/座。吧台是酒吧的中心，其形式有直线形、V 形、U 形和环形等。酒杯、酒瓶挂放，给人以精美感。

(3) 吧台设计应符合歌舞厅的风格氛围，两者情调一致。

4. 舞池

舞池设计既要能增强娱乐效果、营造气氛，又要能吸引顾客，同时舞池设计应当遵循方便顾客跳舞的原则。舞池分为概念性舞池和专用舞池。概念性舞池即在进行地面装修时，采用特定的方法制成概念性方形和圆形舞池，如用特殊的色彩或地板下面装有可变化的彩灯。概念性舞池采用同一平面，可大可小且有伸缩性。专用舞池要高于或低于舞厅平面，舞池的地面常采用铜地板或玻璃地板。

5. 舞台

(1) 舞台主要是供伴奏乐队和演员使用，也是顾客注意力的集中点，故应当遵循既方便演员表演又方便顾客观看的原则，也应当达到演员和顾客能够直接交流、共创娱乐气氛的目的。

(2) 为了提高娱乐效果，提供表演的舞厅可设置华丽的巨型舞台空间、立体豪华的灯光设备，并以计算机自动操控，以期演出精彩、吸引顾客。

(3) 舞台设计可采用延伸式、阶梯式或一侧式形式。室内设计以舞台为中心，座位呈半圆扇状排列，全部面向舞台，座位前应设有桌子摆放餐点。

6. 整体环境要求

室内舞厅装饰应独具风格，与建筑物、家具、用具协调，颜色选用适当，灯光暗雅，气氛宜人，花草、盆栽、盆景摆放位置适当，调节小气候，以达到整个舞厅各种设施设备整体布局协调、美观。室内温度保持在 21～22℃之间，室内相对湿度保持在 50%～60%之间。通风良好，空气清新，换气量不低于 30 m^3/人·小时，细菌总数不超过 3 000 个/m^3。

7. 卫生质量要求

(1) 歌舞厅室内外过道、地面整洁，无废纸、杂物、垃圾和卫生死角。

(2) 天花板、墙面及装饰物光洁明亮，无蛛网、灰尘和污迹。

(3) 各种机械设备摆放整齐，擦拭干净，无灰尘、污渍。

(4) 客用杯具、餐具每次使用后应消毒，未经消毒不得使用。

二、卡拉 OK 厅的设计

卡拉 OK 厅的主要功能是为顾客提供伴唱服务，以此来吸引顾客，并作为营业收入的主要来源之一，所以应尽可能使各项设施布置合理，使散座区和包房区协调，具备最大的接待能力。此外，还要为顾客提供跳舞、酒水等方面的服务，这些服务也是卡拉 OK 厅营业收入的重要来源，这就需要配套齐全的设施和服务。卡拉 OK 厅一般由舞池、散座区、KTV 包房、音控室、吧台、服务管理区域及卫生间等组成。

1. 卡拉 OK 厅布置原则

在视觉方面，要使卡拉 OK 大厅每一个角落都能看到舞台上的节目表演和屏幕上的文字、图像。在听觉方面，要求音响清晰柔和，音量调节适中，避免出现尖锐、嘈杂的声音。在果品饮料服务方面，桌椅摆放应留有足够的空隙，以方便顾客进出和服务员提供服务。

2. 卡拉 OK 厅的布置

（1）卡拉 OK 大厅的布置

1）大厅门口设有服务台，负责接待预订和迎送顾客。

2）大厅设有散座区和包房区。

3）大厅配有大型投影屏幕，不同角度、位置配有电视屏幕，方便顾客观赏。

4）大中型卡拉 OK 厅演歌台配移动或无线麦克风 3～5 个。

5）音控室与 KTV 包房和演歌台保持一定距离。

6）控制设备和线路齐全完好、隐蔽。

7）整个卡拉 OK 厅各种设施设备配套。

8）卡拉 OK 厅附设有为顾客提供服务的酒吧和水吧。

（2）卡拉 OK 厅的环境布置

1）卡拉 OK 厅门面装饰美观、大方，名称醒目，设施设备完好。

2）门前设营业时间、价目表、当地公安部门公告和顾客须知等标牌。

3）标牌齐全，设计美观，有中英文对照，字迹清楚，位置明显。

4）包房内部装修风格各具特色，色彩、气氛、灯光宜人，协调美观，具有艺术性、时代感。

5）墙面、天花板采用吸音材料，隔音效果良好。

6）灯光柔和，可调节控制。

7）卡拉 OK 厅室温保持在 24℃左右。

8）室内相对湿度保持在 50％～55％之间。

9）通风良好，空气清新，无异味。

（3）卡拉 OK 厅卫生质量要求

1）卡拉 OK 厅内外过道整洁。

2）天花板、墙面及装饰物光洁明亮，无蛛网、灰尘和污迹。

3）地面整洁，无废纸、杂物、垃圾和卫生死角。

4）各种机械设备摆放整齐，擦拭干净。

5）客用杯具、餐具每次使用后应消毒，未经消毒不得使用。

三、棋牌室的设计与布局

棋牌游戏和其他康乐活动不同，游戏参与者对空间的要求不是很高。饭店棋牌室要追求的境界是与饭店的整体经营方针相适应。

1. 棋牌室装修布置原则

（1）整体环境宁静

棋牌活动均以脑力劳动为主，属于智力对抗性游戏。参与者在做游戏时要全神贯注，保持注意力集中，通过综合逻辑分析、全盘考虑才能在游戏中获胜。因此，在进行棋牌室设计时，若客观条件许可，最好设计成单独的房间，防止顾客之间的干扰。另外，也要在装潢时注意隔音效果。虽然棋牌游戏是一种安静的智力游戏，但游戏者往往会制造出各种声音，特别是麻将牌的洗牌声，声声入耳。现今报纸上关于“棋牌室扰民”一事多有报道，严重时则诉诸法律。饭店作为顾客休息的场所，需要维护饭店的安静环境，棋牌室的设计应该从总体上考虑这一问题。

（2）棋牌室要具有空间感

饭店的可用经营面积对于饭店管理者来讲是生财的重要条件。在进行总体规划时，管理者往往容易在有限的空间内设置尽可能多的经营项目，造成饭店经营场所的狭窄，使顾客在消费时感到视觉和心理上的压力，从而影响顾客的消费情绪。在进行棋牌室设计时，对于其空间大小不易把握，原因为：第一，棋牌活动本身无须过多的空间，只需要一张桌子、四把椅子和相应的棋牌用具；第二，为了防止不同顾客群体之间的干扰，需要设置棋牌单间；第三，棋牌室的收费比同等经营面积的其他消费项目要低。在这三个原因的作用下，棋牌室的室内设计和装潢经常缺乏空间感，使顾客感到不便，降低了顾客的回头率。因此，在进行棋牌室设计时，可以运用设计手法使有限的空间看上去显得很宽敞。豪华型棋牌室的面积较大，在整体布局上可将其划分为休息区、棋牌区、衣帽区、服务区等几个区域，有些还可配备简单的卡拉 OK 设备。

（3）棋牌室色调和谐

作为智力活动的场所，棋牌室装修的色彩要具有平复顾客情绪，使顾客能够冷静思考的功用，因此整体色调要和谐统一。抽象感十足的撞色组合绝对不能够出现，强烈的色彩对比只会使棋牌游戏者心烦意乱，不能平心静气地思考，从而影响顾客技能技巧的发挥。同样，过于沉闷的色彩也不适合棋牌室的装饰。

（4）棋牌室家具的配备

棋牌活动是围绕着一张棋牌桌开展起来的，顾客在整个游戏过程中始终保持坐姿，时间长了，会觉得疲劳不堪。这就说明棋牌室在进行陈设时，家具的选择是重头戏。家具不但要选择质地好的，在设计上也要充分考虑人体构造。如棋牌室中重要的椅子一般为软椅，椅垫的高度为 45 cm，椅背呈弧线，与人体曲线相符，这样可以有效减轻顾客在做游戏时身体上的不适。

（5）棋牌室在设计布局中需要注意的其他方面

1）棋牌室的照明：棋牌室的整体照明要温馨、明亮、不耀眼。为了保证良好的照明条件，可在棋牌桌上方安装圆形灯罩的挂灯来聚光，方便顾客活动。

2）棋牌室的空气条件：饭店为了正常开展各项业务活动，保证顾客有一个舒适的消费环境，一般棋牌室都配备有中央空调。棋牌室的服务人员在营业之前要将空调打开，使棋牌室的温度达到最佳温度，一般为 18～23℃，湿度为 40%～60%，空气中的氧气含量达到 18%左右。

2. 设备用品要求

（1）象棋、围棋、扑克等游艺室，设专用游艺台、座椅。

（2）游艺器具自动操作，控制台面美观、质量优良。

（3）室内天花板、墙面装修高雅。

(4) 电子游艺室内各种游戏机先进完好、摆放整齐。

(5) 图像清晰，声音悦耳。

(6) 各游艺室设备用品完好率趋于100%，不低于98%。

(7) 发生故障或损坏设备维修及时。

3. 环境质量要求

(1) 各游艺室门前标志醒目，门前设营业时间、顾客须知、价目表等标牌。标牌设计美观，安装端正，有中外文对照，字迹清楚。

(2) 室内环境舒适、整洁，温度控制在24～26℃之间，相对湿度保持在40%～60%之间。通风良好，空气清新。

(3) 照明充足，光线柔和，自然采光照度不低于80 lx，灯光照度不低于50 lx。

(4) 电子游艺室天花板、墙壁吸音效果良好，噪声较低，不超过50～60 dB。

4. 卫生质量要求

(1) 各游艺室天花板、墙面光洁、明亮，无蛛网、灰尘和污迹。

(2) 地面满铺地毯，平整美观，无污迹、废纸、杂物和卫生死角。

(3) 各种游艺设备、器具每天擦拭，表面光洁，无污迹。

四、电子游艺室的布局

在饭店里，电子游戏机只是其他娱乐项目的补充，供顾客在等待或休憩时消遣时光。放置游戏机的位置一般在歌舞厅的吸烟室或游泳池、健身房的出入口。顾客随意性消费的比例很高，通常是在休憩、等待或离开时，将消费找零或身上的硬币再次消费出去。这部分人对价格不敏感，对游戏内容也不那么苛求。饭店在进行布局时，要考虑顾客的潜在需求，将游戏机安放在消费场所引人注目的位置，但在顾客逗留时，又不会影响他人的进出。在选择电子游戏机机型时，首先要注意游戏本身须非常简单、容易上手，即使是新手，也能轻松地获得快乐；其次是能够促成社交，要让顾客在消费时，能和伙伴或对手有沟通和交流的机会；最后才是游戏的回报率设置，回报率可设置得高些，但是回报的金额要低。

第四节　休闲保健项目经营场所设计

休闲保健是当今人们消费的热点，处于亚健康状态的消费者希望能够借助传统的按摩推拿、刮痧艾灸等保健方式消除疾病。相关数据也显示，全国休闲保健产业的年产值远远超过2 000亿元人民币，休闲保健成为新的消费热点。饭店要适应消费潮流，就要开发休闲保健经营项目，借助饭店本身在当地的影响力，服务于住店顾客及本地客源。休闲保健项目包括穴位针灸、按摩推拿、刮痧、足疗、拔罐、药浴、香熏等中医理疗手段，茶疗、瑜伽、健身、减肥体操、道家养生等项目。

一、水疗中心的设计与布局

水疗中心按不同温度、不同器物设置桑拿房、蒸汽浴室、热水按摩浴池、冰水浸身池、热能震荡放松器、身体机能调理运动器、按摩床等。

1. 桑拿室接待厅设计要求

独立经营的桑拿中心的接待厅通常占场地面积的8%～10%，是装修的重点。接待厅要求主题鲜明，因为这里体现着康乐中心的整体形象。应设置供顾客小憩或等待的沙发。与饭店配套的桑拿室接待厅一般较小，仅作为过渡之用。

2. 桑拿室设计要求

(1) 桑拿浴室设分隔式小桑拿浴室。装设温度不同的桑拿浴室，更符合经济原则及实际需要。顾客对温度的要求有所不同，设计温度不同的桑拿浴室，顾客可自由选择，在非营业高峰期，可关闭不需要的桑拿房，以减少用电量。

(2) 桑拿房更衣室的主要设备是储衣柜，其数量应与设计标准即接待能力相适应。具体计算方法是：数量＝每天消费人数（设计容量）÷2（或 3）或比整体容量的一半稍少。更衣室装修通常比较简单，比较高级的场所可以将更衣室分隔成多个独立的小更衣房。

(3) 桑拿房设备区也称湿区，一般包括按摩池、蒸汽房、桑拿房、淋浴房。设备区通常设于地下或一楼，如果设在其他楼层，则必须考虑承重能力（土建约为 1 300～1 500 kg/m^2），若承重能力不够，可以考虑使用玻璃钢制造的成形浴池。湿区设计要求主题明确突出，线条明快简洁，空间要高大，光线要明亮，空气交换量要大。

(4) 桑拿房池区设计要求。桑拿房池区一般设计有热池（40～45℃）、暖池（25～30℃）和冷池（10～12℃），现在有些高级桑拿房流行设药池，即中药池和泡脚池等。池区各种场地的规格设计要求如下：热池容量＝场地面积÷100，暖池、冷池一般为热池的一半或稍大。

(5) 桑拿房内可设电视、立体音响、隐蔽灯光及湿度调节器等，配浴床、专用水桶、电炉、大勺和橄榄枝，设温度计、湿度计及沙漏计时器。浴室内各种设施设备齐全、完好，其完好率达 100％。

3. 按摩浴池设计要求

一个完善的桑拿浴健康中心，应具备三种不同温度的水力按摩浴池。按摩浴池可供单人至 30 人同时使用，集按摩与淋浴双重功效于一身。按摩浴池的启动系统应设有多个旋涡式高压喷射水龙头，以便随意调节喷射角度、水温、水力及空气的混合动力，使身体每个部位都能得到适当的水力按摩，从而促进血液循环，增进健康，特别是促进减肥、治疗风湿病。

(1) 机房设备要求

第一，位置宜在水池附近，以减少管道长度及安装成本。第二，机房空间不少于 3 m×4 m×3 m。第三，机房应该宽敞，利于系统排列设备及方便日后维修。第四，机房内应设有适当的照明及通风系统。第五，机房内应具备独立的排水渠，直径为 80～100 mm，以供排水。第六，地台应设直径为 50 mm 的排水口，以供机房使用。第七，主电源设有低压断路器控制箱。第八，在指定地点安装直径为 40 mm 的冷热水供应管道，离地 40 mm，并设闸门控制开关。

(2) 其他配件要求

第一，水池管道可以选用高品质的 PVC 胶管，原因是胶管成本较低，安装容易，符合水温冷热度的要求，故最适合此类工程。第二，其他配件如阀门、电控箱、电线等，也应选用符合标准的材料和元器件，以便减少日后维修。因为此类工程日后维修会妨碍整个系统的操作，直接影响营业额。第三，考虑多配备一套水泵、电动机等主要组件，以便随时维修及保养。

4. 淋浴间设计要求

(1) 淋浴间的数量确定：每个淋浴间平均每天可接待 20 名顾客。若设置淋浴间，需先确定每天接待的顾客人数，然后确定所需的热水炉数量。

(2) 淋浴水温控制：淋浴水温要适中，不可忽冷忽热。

(3) 淋浴水量控制：淋浴水量要充沛，如果水压不足，要考虑装设加压泵。国外的淋浴间多设单手控制的冷热水调温开关，或加设时间控制，以及采用人在淋浴时的光控出水开关，以节约用水。

(4) 淋浴器高度设计：淋浴喷头的装置高度不可太低，一般离地 2 m，并可考虑设置挡门。

(5) 配套用品：自动落浴油、洗发水及按摩花洒已成为浴室必备之物，而最新设备为全身按摩器及冷热水刺激皮肤的花洒淋浴器等。

(6) 其他考虑因素：排水系统要畅通无阻，地面要铺防滑瓷砖。

5. 独立贵宾房（VIP）设计要求

(1) 高档次及大型健康温泉多设贵宾房。

(2) 贵宾房内设小型蒸汽室、桑拿室（或再生浴室）、淋浴间、卫生间、水力按摩浴池、按摩床和小客厅等。

(3) 各种设备齐全，适合全家人享用，或数位知己在不受骚扰的环境下舒缓身心。

6. 休息区设计要求

(1) 休息区要设计优雅、灯光柔和，适合沐浴后在此区放松精神，体会真正休息的感觉。

(2) 休息区内应设有水吧，为顾客提供饮料和食品。

7. 浴室区域设计要求

(1)“绝对清洁”是浴室设计的根本要求，因此所有排水系统必须畅通无阻，地面必须铺设防滑地台胶条，使水迅速流走，使池区始终保持干爽。

(2) 所有顾客有机会接触的地台，必须采用防滑物料。

(3) 空调系统设计要做到任何冷空气不直接吹到顾客。

(4) 淋浴间及蒸汽房的天花板必须采用塑制材料，避免蒸汽水点凝聚而损坏天花板。

(5) 冰水池必须设置于桑拿房及蒸汽浴室的门外，不应离开太远。

(6) 浴室区应有宽敞位置放置休息椅，并应有饮品供应。

(7) 淋浴间应尽量避免设于温水及热水按摩池附近，以免影响顾客享受按摩浴的乐趣。如场地面积有限，则必须设置淋浴挡门。

8. 装置桑拿房及蒸汽浴室的注意事项

(1) 桑拿房及蒸汽浴室皆设有通风设备，因此要注意热空气或蒸汽散发的位置。一般而言，可将热空气或蒸汽引至场内的通风系统内。

(2) 桑拿房及蒸汽浴室的耗电量直接影响运作成本，因此要选择耗电量低而能保持一定温度的桑拿设备。其电气设计和安装应严格按照防水性能规范进行。

(3) 桑拿房内除发热炉需要电源外，照明灯及电视也需要电源。

(4) 蒸汽发热炉安装后，供应蒸汽管道不宜太长，应在 3 m 范围内，并注意避免管道弯曲成锐角，并适当安装伸缩器，以免产生噪声。

二、美发店的设计与布局

店面的环境氛围，对企业经营起着举足轻重的作用。美发店店堂装修在设计上，一方面要迎合不同消费层次的顾客群体对不同空间的感受，另一方面要体现企业的风格。这两点有机地结合起来就能够有利于创造美容美发店的生存条件。店堂装修得好坏会影响到消费者的消费动机，而店面设计档次则会对顾客上门产生很大的影响力。

1. 美发店布局设计

专业美发店的布局设计整体原则是尽量展示店内每一处。一个设计优秀的美发店应布局合理，处处都能体现专业性。专业美发店主要由洗发区、剪发区、烫染区、招待及诊断区、顾客休息区、员工等候区、收银区、商品展示区、卫生间等几个部分组成。

(1) 洗发区

在专业美发店里，洗发区一般被分隔在较封闭的区域内，因为顾客在洗发时，必须躺在洗头床上，将洗发区隔离开，是为了避免顾客尴尬。另外，在洗发时，顾客不受外界影响，是员工进行推销的最好时机，洗发区的私密性让员工的推销不会影响到其他顾客。

在洗发区还需设置毛巾柜，方便员工随手拿毛巾为顾客擦头发，同时还需放置毛巾桶，用过的毛巾可以随时放入毛巾桶内，减少营业现场的杂乱。

(2) 剪发区

在剪发区应注意每个台位的距离，方便发型师为顾客服务。在每个台位上要设置小型产品展示架，一方面方便发型师随手取用；另一方面引起顾客的注意，充当无声推销员。

(3) 烫染区

专门设置的烫染区可以集中烫染设备工具，不会让营业现场显得杂乱。在烫染区，应配备电视、杂志等，让顾客轻松打发烫染时间，切记烫染区齐全的配套设施能为顾客提供更周全的服务。

(4) 招待及诊断区

其功能是为第一次来店的顾客简单地做美发店服务介绍及消费介绍，并为顾客提供诊断咨询，使其了解自身的头皮状况及发质状况，从而提出建议。

(5) 顾客休息区

顾客休息区一般离美发店门口较近，能让经过的人看到，显得店内人气旺盛。顾客休息区也需配备电视、报架、饮水机等配套服务设施。顾客休息区应面向店堂，这样可以让顾客感受到现场的营业气氛。顾客座位必须整洁、舒适、干净。

(6) 员工等候区

员工等候区是供现场手头没有活的员工休息等候的地方。员工等候区应朝向整个店堂，面对大门，方便员工随时观察顾客是否需要帮助。

(7) 收银区

收银区应设置在美发店门口，方便顾客出门前及时结账。收银台需与店内整体设计相融合，背后应设计顾客寄存柜，让顾客产生安全感。收银台应考虑到计算机、电视、音响、灯光的控制设计，且便于操作。

(8) 商品展示区

店内商品展示是体现美发店专业形象的重要因素，因此商品展示区必须设计得时尚并富有吸引力，同时也方便顾客浏览。商品陈列展柜应安放在进门右侧处，色彩淡雅，高档为好。陈列的商品应是最容易推销、外卖的商品，而且要经常更换。避免阳光直射，防止商品失效、变质。摆放高档名牌商品会提升店面档次。

(9) 卫生间

卫生间因其利用率较高，会给顾客留下深刻印象，设计应以豪华为主，越豪华越容易给顾客留下好印象。在每个卫生间内可加挂一些本店的经营理念、热情服务的要求、笑话幽默或促销打折优惠信息等。

2. 美发店个性特色

(1) 装饰风格

装饰风格可表现出美发店的文化和专业气氛，让顾客接受并认可美发店的经营理念。风格的确定要与其他同行有一定的区别，突出自身特色，可适当点缀一些高档工艺品、名人字画来突出美发店的文化档次。

(2) 店内色调

店内色调要让顾客落座后情绪不波动。浅淡色可让顾客感到轻松、舒适、温馨，并产生信赖和安全感。深色会让人感到不安、急躁，情绪波动。简言之，店内色调一定要以浅淡色为主，放松员工和顾客的紧张情绪。

(3) 店内情调定格

老一点的美发店喜爱古典情调的设计，新开的美发店却喜欢新潮情调。情调定格需要在确定消费群体的基础上，根据顾客需求而定，切记过于豪华会让顾客望而止步，过于简化会让顾客感到档次太低。

(4) 灯光

美发店的灯光一般要求明亮，可采用各色节能灯、太阳灯。灯的数量不宜过多，灯光要求冬天明快，夏天温馨，春秋舒畅。

(5) 毛巾洗用

毛巾是直接用到顾客身上的东西，因此顾客特别在意。毛巾的选用一般以百分之百全棉加厚为宜，颜色以浅色为主。客用毛巾每天清洗时，必须用消毒液浸泡 5～10 min。采用清洗剂洗毛巾是最好的办法，其优点是不含碱性，不伤毛巾。毛巾晾干后整齐地摆放在方便取用的地方，用完后统一归集到洗涤筐。

三、美容院的设计与布局

美容院的布局是顾客再次光临的根源。理想的布局决定着美容院的经营成果。美容院的布局在具体设计时要考虑以下几点：

1. 利用空间

美容院的店铺设计是不能脱离时代的，在一个充满沧桑感的房间里做美容是没有效果的。随着时代的发展，要让美容院在同行中脱颖而出，就要巧妙利用空间。

(1) 设计精巧的装饰台，可以随意改变摆设，让细小的点缀增添奇异的光彩。

(2) 在美容院屏风和隔断之间设计活动的装饰画框，通过更换图片，给美容顾客以新颖之感。屏风和隔断的设计应考虑可移动性，并配备灯光、具有现代感的流行线条等，这样就会给顾客一种美的享受。

(3) 在天花板上设计一些灯箱，宣传美容知识，顾客在做面膜的时候，可边做护理边欣赏广告，从而达到事半功倍的宣传效果。

2. 表现个性

美容院必须寻找自身独创的魅力。随着季节的变化、美容产品的更新，美容院的主题也应该常换常新。美容院的装潢不仅要在硬件上下工夫，还应该在软件上求发展。美容院要讲究品位和文化，从“美容文化”入手，表现出自己独特的个性。

3. 讲究便利

对顾客而言，接受美容师的便利服务是很重要的。有条件的美容院在进行店铺布局时要考虑到主通道、副通道和管理通道。主通道是美容师诱导潜在顾客由入口一直到美容院里面的中心通道，潜在顾客在这条通道上可以随意走动，增加其了解美容院的机会；副通道是准顾客和美容师走动的通道，应尽量在档次上下工夫；管理通道比较狭窄，是美容师与管理人员联系的通道，设计时应与副通道离得越近越好，因为它要便于员工之间、顾客之间的沟通和工作的配合。

4. 体现服务

美容院是以服务为主导的行业，顾客是美容师的服务对象，美容师应该站在最前台，直接与美容顾客见面。需要咨询的，可以咨询主动接待的美容师；需要测试皮肤的，应该由主动接待的美容师引导测试；做美容而要付款的，也应该由为其做美容的美容师引领去付款。不能造成美容师接待顾客的权力没有管理人员的权力大，即使是美容院主管，也应该以激励美容师服务为主，而不应该以指挥美容师做事为主。

5. 避免浪费

美容院的设计要紧紧围绕美容的经营主题来进行，不要将其设计成包罗万象的休闲中心。要想美容院有所发展，就必须在“点”上下工夫，而不应该在“面”上讲排场。

四、SPA 馆的设计与布局

所谓 SPA，早期仅以具有疗效的温泉和矿泉区为主，如今则演变成一种人人都可享受，并且集休闲、美容等于一体的释放精神压力的场所。

1. 店铺门面

SPA 馆的布局和装潢与其经营业绩密不可分。店铺门面是留给顾客的第一印象，关键在于如何吸引顾客走进美容院，同时要体现出 SPA 馆的内涵。顾客之所以没有频繁地光顾 SPA 馆，主要原因是害怕踏出走进 SPA 馆的第一步。如何将 SPA 馆美好的一面展示给大众，从而吸引顾客走进 SPA 馆是进行门面设计与布局的关键。SPA 馆的装潢设计围绕顾客光顾 SPA 馆的目的而展开，把店铺门面和橱窗定位于与外界沟通的有效元素，让顾客直接感受到 SPA 馆的氛围，更鲜明地体现 SPA 馆的个性。

2. 前台接待处

如果顾客接待处环境舒适，会有助于加强顾客对 SPA 馆的忠诚度。顾客结束护理疗程后，如果让她站在收银台前付款，那么她购买产品的机会将大大减少。因此，在护理结束之后，可以花上 6～8 min，将顾客安置于这块接待小天地，品茗茶香，促膝交谈。前台接待处既是接待顾客的地方，也是产品销售区域。为避免前来光顾的顾客与付款离去的顾客相互碰头，建议将收银台和前台接待处分开。

3. SPA 护理室

SPA 护理室是实施护理疗程的地方，是美丽和清洁并重的场所。各种清洁用具如洗手盆、垃圾桶等应加以掩饰，避免暴露于人前。SPA 护理室除了应具备清洁卫生的条件外，还必须通过精心装潢来体现美丽、梦想和舒适安康。VIP 房是专门为区别于一般顾客的尊贵顾客而设立的，VIP 房较其他护理室应更为宽敞舒适，所用的材料、设备和配件都应是高档产品。

4. 休息间

休息间的气氛应该是随意、自由的，设置的目的在于让顾客尽快腾空护理室，准备开始下一个疗程，但同时避免顾客产生被催促付款离开的感觉。休息间应该体现出对顾客的尊敬和宾至如归的感觉，休息间的氛围与美容院的设计布局应该相辅相成，充满情调，且舒适安全。

思考与练习

1. 简述康乐环境设计的原则。
2. 列举健身房的功能区域。
3. 设计游泳池时如何保障活动安全？
4. 歌舞厅环境装潢设计如何做到不扰民？
5. 美容院设计与布局应考虑哪些因素？
6. 在进行康乐经营环境设计时，在有限的空间内，如何保证员工工作和休息区域的舒适？

第三章

康乐中心日常管理

学习目标

- ◆ 掌握制定日常管理制度的依据、要求和步骤。
- ◆ 了解各主要康乐项目服务制度的内容。
- ◆ 了解康乐服务设施设备日常管理的方法。

案例引入

珠海某家温泉度假村是集温泉度假、休闲、养生和娱乐于一体的四星级度假村，也是我国第一家露天温泉。在温泉行业首创了“六福汤 N 次方”“太医五体全息调法”“中唐草本泡头”“健康养生宴”等独领风骚的项目和服务。

这家温泉度假村以服务闻名，以服务立于行业之首。一直以来良好的服务是其金字招牌，为众多同行所关注。比如，客房服务员在打扫卫生时，会在卫生间里放置两卷卫生纸；在配置低值易耗品时，会根据顾客的使用程度进行调整和颜色区分；在提供餐饮服务时，会主动根据左手使筷熟客的习惯，把筷子和骨碟摆在其左边；温泉区的服务员则左手戴白色手套，并使用左手为顾客摆正拖鞋。

让顾客感受到尊贵，是该度假村的主要特色。在服务设计中，通过服务过程的细节处理和服务用品的丰富度设计，使顾客实现了自由选择，当顾客针对某项需求有足够的选择余地时，顾客会感到被重视，从而产生尊贵体验。

规范且细致的服务流程和规章制度，可以避免服务员出现工作失误，减少顾客的投诉，增强顾客的消费愉悦感。

课前思考

结合案例，你认为应该如何为康乐中心设计一套合适的服务流程和相应的规章制度？

第一节　日常管理制度的制定

现代康乐业的设施和项目众多，并且其项目更新周期短，工作环节和程序也比较复杂。

为了保证其业务的正常运行，发挥其组织机构的最大效能，保证服务质量，就必须构建一个制度平台，制定一整套规章制度，以约束全体工作人员的行为，并为人们的行为提供规范的依据。

制度是康乐中心实施管理的基础，利用制度来进行管理是当代康乐业现代化管理的重要方法。康乐中心在运行中需要制定和贯彻执行的制度有很多，如经济责任制度、人事管理制度、日常管理制度、工程维修制度等。其中，日常管理制度是康乐中心经营当中涉及面最宽、适用范围最广的制度。康乐中心的日常管理制度包括各个康乐项目的服务程序、服务规范、服务标准、岗位职责、素质要求、行为规范、工作纪律等。

作为一名康乐中心管理者，不但应该掌握各项日常管理制度的具体内容，还应该掌握制定制度的依据和方法，促使日常管理和检查督导标准化、制度化，以保证康乐中心服务员的工作规范和服务质量保持在较高水平，让顾客从消费中得到满足。

一、制定规章制度的依据

1. 顾客需要

康乐服务的对象是顾客，提供服务的目的是满足顾客的消费需要，实现企业的利润，使企业得以生存和发展。康乐中心管理者在制定项目的服务程序和服务标准时，首先要分析目标顾客和潜在顾客的需求和消费习惯，只有满足顾客的需求和习惯，才能使规章制度落到实处，实现企业的发展。

2. 行业特点

康乐行业是一个极具生命力的行业，经营项目在不断更新和增加，从而促使经营者在经营过程中也要不断地对原有经营项目进行升级改造，或者放弃原经营项目，引进新的经营项目。这使得康乐中心在制定日常管理制度的时候，一定要有前瞻性和创新性，要能够引领所在地康乐行业的趋势，而不能只是被动地接受。

3. 企业要求

康乐服务的规章制度应根据康乐企业的特点和档次的不同而有所不同。不同星级饭店的服务程序、服务规范、服务标准各不相同，隶属于饭店的康乐中心所提供的服务应与饭店的星级标准保持一致。一些独立经营的康乐企业，虽然现在还很难用星级来划分，但它们的设备档次、客源层次、市场定位等各不相同，因此各自的服务档次也不应相同，这也是制定相应规章制度的依据。

4. 法律法规和道德规范

康乐服务的程序、规范和标准都要在遵守国家法律法规和社会道德规范的前提下制定。例如对涉嫌“黑”“黄”“白”的顾客服务，就应该注意区分正常服务与违规服务的界限。

二、制定规章制度的要求

康乐中心的规章制度既体现了管理者对本部门员工的整体要求，又体现了康乐中心对全体员工的共同要求。当每个员工意识到为了企业的发展、繁荣，也为了自身的利益，应当共同承担一定的义务和责任，应当遵守共同的秩序、准则，公平地对待自身和对方时，就产生了对制度的需要和执行制度的自觉性。制度是康乐中心员工的行为指南，是全体员工都应遵守的内部规定。

1. 制定规章制度必须有本部门员工参与

在制定规章制度时，首先应由康乐项目的管理人员或熟悉康乐服务且有一定文字表达能力的员工草拟初稿，然后召集一部分有经验的服务员对初稿进行讨论和修改，再邀请一部分老顾客对修改稿提出意见并做修改，再把经过修改和润色的新版本向服务员进行宣传并试行，过几个月后，再组织服务员和常客对试行的规定提出进一步修改的意见。

2. 制定规章制度内容应尽可能细化

规章制度中要规定的东西很多，只有细化才能保障规章制度的执行。其中，重点要求细化的内容包括：

（1）劳动纪律

劳动纪律涉及员工的日常考核、管理甚至离职，企业若想减少解雇成本，提高工作效率，细化劳动纪律是最佳手段。比如同样是擅离职守，救生员的岗位与更衣室员工的岗位，其带来的后果显然是不一样的。

（2）奖惩制度

在制定规章制度时，首先要明确奖惩的目的是为了激励员工努力工作。该制度要注意奖惩结合，奖励规定和惩罚规定需要细化，比如对全勤、迟到、挽回或造成重大损失等具体事项要做出明确的界定。

（3）劳动报酬

企业中关于劳动报酬的争议多体现在加班费用的支付上。薪资结构、加班管理制度、加班费用的计发基数等必须根据岗位职责进行细化，以便与员工发生争议时，可以做到有章可循、有章可依。

3. 制定规章制度程序必须合法

康乐中心在制定规章制度的时候，必须符合《中华人民共和国劳动合同法》（以下简称《劳动合同法》）第四条的规定："用人单位应当依法建立和完善劳动规章制度，保障劳动者享有劳动权利、履行劳动义务。用人单位在制定、修改或者决定有关劳动报酬、工作时间、休息休假、劳动安全卫生、保险福利、职工培训、劳动纪律以及劳动定额管理等直接涉及劳动者切身利益的规章制度或者重大事项时，应当经职工代表大会或者全体职工讨论，提出方案和意见，与工会或者职工代表平等协商确定。在规章制度和重大事项决定实施过程中，工会或者职工认为不适当的，有权向用人单位提出，通过协商予以修改完善。用人单位应当将直接涉及劳动者切身利益的规章制度和重大事项决定公示，或者告知劳动者。"

4. 制定规章制度必须进行公示或告知

规章制度只有公示或告知，员工才能知道，才能成为企业管理的依据和仲裁诉讼的证据。如果没有公示或告知，不但在处理具体事务的时候，员工心有不服，而且还会直接导致企业劳动争议败诉的后果。从法理上讲，只有员工参与制定了规章制度，并且完全明了其内容，才可以将其视为企业与员工之间的一项管理性契约。

5. 规章制度应该具备一定的弹性

规章制度的制定是为了实现高效经营和管理，不仅要具备一定的强制性，还要做到灵活掌握，既要让企业员工有自由发挥的空间，又要让他们能够行之有效地工作。

三、制定规章制度的步骤

1. 编制规章制度大纲

管理者需要明确写进规章制度的内容和以期实现的管理目的。规章制度的内容主要包括员工招聘、试用期管理、岗位管理和考核、福利管理、假期管理、考勤管理、加班管理、员工培训、出差管理、绩效管理、奖惩管理等方面，管理者也可以根据本部门的要求，添加符合企业运营模式的其他必须明确的内容。

2. 完善规章制度的内容

编制完成规章制度大纲后，就可以着手完善其内容了。一般来说，在完善内容的过程中，有两个部分是相对比较重要的，一个是操作基本流程，另一个是可以实际执行的标准。

在设定操作基本流程时，可以将简单明确作为原则，让职工对各执行环节的要求一目了然，这样可以避免发生纠纷时，因为职工对规章制度的解读有分歧而发生责任不明的情况。例如在年假申请方面，规章制度应当规定，申请年假需要提前通知的时间、申请的流程、核准的流程，只有经过明确的批示后才可以休年假。

就实际执行标准而言，要明确违反规章制度所需承担的后果。如上述申请年假规定，员工的请假手续必须经过完整的批准流程后才有效，若发生擅自休假行为或违反流程的行为，将视违反规章制度的严重程度受到相应处理。

3. 重视制定规章制度的流程

在规章制度制定方面，通过的流程也非常重要，在实际操作中，通过职工代表讨论并决定规章制度的比较多。在规章制度通过的流程中，首先要注意的是职工代表的构成比例要适当，各岗位保持一定比例，切忌员工代表均是公司管理人员。在讨论规章制度的过程中，应当保留有效记录。比如召开职工代表大会时，应当有必要的签到记录，且明确会议的内容就是针对某项规章制度进行讨论，并做好会议记录，要求职工代表在会议记录上签字。在进行会议讨论时，可以明确意见的反馈时间，并就反馈意见集中讨论（讨论的流程与前述保持一致），且最终确定内容。规章内容确定后，并不表示规章已经成立，还需要职工代表在正式的文件上签字，确认全部内容，此时才算正式成立。

规章制度确定后，管理者应当向职工公布全部文件内容，推荐的方法包括发放职工手册、培训、考试、签署了解书、作为合同附件等。但不管采用哪一种方法，都需要职工签署确认。不推荐的方法包括网站公布、电子邮件通知、公告栏张贴等，原因是修改的随意性大，无法作为证据使用。

4. 保存相关签字记录的文件

与规章制度相关的一些文件，无论是讨论稿还是公布稿，都应尽可能与职工的劳动合同一样，保存一段时间。

第二节　康体项目服务制度

一、保龄球馆服务制度

1. 保龄球馆服务程序

（1）上班前。服务员签到，换工作服和保龄球鞋。

（2）开班前会。检查着装和仪容，领班分派任务，提出具体要求。

（3）营业开始。服务员坚守在自己的岗位上，迎候顾客，并向顾客问好。

(4) 服务员引领顾客到收银台付款；收银员根据顾客的要求收款、开单、打开球道，并告知顾客球道编码。

(5) 服务台工作人员主动帮助顾客选择合适的公用鞋，并向顾客赠送一次性球袜。

(6) 球道服务员主动询问并引领顾客至相应的球道，请顾客坐下换鞋。

(7) 顾客换好鞋后，服务员主动协助顾客选择合适的保龄球，即球的质量大小和指孔这两个条件都要符合。询问顾客是否需要提供饮料服务。

(8) 在打球过程中，服务员应注意观察顾客的情况，对不会打球的初学者可适当讲解动作要领及瞄准方式，对不会记分的要讲解记分规则。同时，还应提醒顾客看管好自己携带的物品。

(9) 注意设备运行情况，发现问题及时处理或尽快通知维修员修理。对违规打球的顾客要加以劝阻。例如提前掷球打了扫瓶板，抛球太高造成球道损伤——软质球道特别容易损伤。

(10) 顾客打满所购球局后还要续局，服务员应主动上前询问并代其到收银台续局。办完续局手续后应将单据及找回的钱款交给顾客，并当面讲清所用钱数及剩余钱数。

(11) 顾客打完球后，服务员应提示顾客，将换下的球鞋交回服务台（有的球馆是由服务员交回）；顾客临走时应提示带好随身物品，并与其道别。

(12) 顾客离开球道后，服务员应立刻清理休息区和发球区。检查有无顾客遗留的物品，将顾客未交回的球鞋交回服务台，将多余的球放回球架，做好接待新顾客的准备。

2. 保龄球馆服务质量标准

(1) 服务员应该熟悉保龄球的运动规则和记分方法，具有一定的保龄球运动水平，能够清楚地向顾客讲解保龄球运动基本知识和技法。熟练掌握保龄球馆的服务程序，服务行为符合规范。

(2) 服务员应着工作服上岗，服装整洁，仪表端庄。

(3) 服务时态度和蔼，面带微笑，有主动精神；能根据顾客预订和球馆营业情况安排球道。

(4) 顾客打球期间，提供巡视服务。服务时，热情周到；操作设备时，准确、规范，保证自动回球、记分显示、球路显示等设备正常工作。

(5) 对个别顾客出现的违反球馆规定的行为应该善意劝阻，对顾客之间发生的纠纷能够有效排解，维护球馆的正常营业秩序。

(6) 保证设备运转正常。维修人员着岗位服装上岗，随时注意设备运行情况。发生一般性故障时，能够在 3 min 内排除。设备出现严重故障时，应与顾客协商掉换球道。每天营业前后，做好各种设备的检查、维修工作，保证营业正常进行。

(7) 保龄球馆的专职教练员或陪练员提供服务时，关于运动知识、运动规则、记分方法等应向顾客讲解清楚，示范动作要标准、规范，应能掌握顾客的心理活动和陪练分寸，激发顾客的兴趣。

(8) 球馆的柜台服务员、球道服务员、维修服务员、陪练员和配套酒吧服务员等应具备整体服务意识，密切联系，协调配合，共同为顾客服务，顾客满意度应高于95%。

二、台球厅服务制度

1. 台球厅服务程序

（1）上班前。服务员签到，换好工作服。

（2）开班前会。检查着装、仪容，领班分派具体任务，提出要求。

（3）打扫卫生。吸扫地面，擦台帮，刷台呢，擦服务台，倒洗烟灰缸，清理垃圾桶，将球台苫布叠放整齐。

（4）开业准备。核对计数表记录，各岗位服务员到位，整齐站好，准备迎接顾客。

（5）开业服务。门岗服务员向顾客致以问候，并将其迎入厅内。

（6）服务台工作人员为顾客登记，开记录单，收押金。

（7）大厅服务员将顾客引领到自己所负责区域的球台旁，负责将球摆好，并询问顾客是否还有其他服务要求。

（8）顾客结束消费后，责任区的服务员应清点检查顾客所用的台球设备是否完好。如有问题，应及时通知服务台；如无问题，则应将球和球杆摆好，并保持球台周围的清洁卫生。

（9）顾客结账后，服务台工作人员应向顾客致谢。顾客离去时，门岗服务员应表示欢迎再来。

（10）对顾客的投诉，一般服务员能解决的，应立即予以解决；不能解决的，应及时向领班、主管、经理汇报请示，然后再行处理。

2. 台球厅服务质量标准

（1）服务员应熟悉台球厅的工作内容和服务程序，掌握台球比赛规则和记分方法，有一定的示范指导能力。

（2）服务员能准确使用礼貌用语，区分不同的服务对象。对常客称呼姓氏加职衔，对新顾客能主动介绍本球厅的特色和服务内容。

（3）门口迎宾服务员应面带微笑，上身稍向前倾。站在门口迎接并主动问候顾客后，引领其进入球厅。

（4）柜台服务员为顾客登记、开单、开计时器等要准确快捷，要在 2 min 内完成。

（5）厅内服务员应根据服务台的安排引领顾客到指定的球台旁，协助顾客挑选球杆，为顾客码球。顾客开始打球后，服务员应站于不影响打球的位置，随时注意顾客的其他需求。

（6）顾客打球结束后，服务员应将球杆摆在杆架上，将球码放整齐，将台面清理干净。

（7）顾客需要示范或陪打时，陪打员应认真服务，动作应符合规范，并能根据顾客的心理要求掌握输赢尺度。

三、网球场、壁球场服务制度

1. 网球场、壁球场服务程序

（1）服务员应比规定时间提前到岗，换好工作服，到服务台签到并查看交接班记录，落实上一班交办的工作。

（2）打扫服务台和休息室卫生。地面吸尘，擦拭柜台，清理垃圾桶，将客用球拍等摆放整齐。

（3）打开球场门，检查球场设施是否完好，如发现问题设法修理或报工程部门。将客用座椅和茶几摆放整齐并擦拭干净。

(4) 当顾客来到球场时，服务员应主动上前迎接，然后为顾客填写运动登记表，并为顾客提供租用的球拍和球，再引领顾客进入球场。

(5) 顾客打球间隙，服务员应适时提供面巾、饮料。如果顾客需要陪打，应及时报告领班，安排陪打员。

(6) 顾客打球结束后，应及时检查客用设施是否完好。在为顾客办理完结账手续后，应主动向顾客告别。

(7) 营业结束时，填写营业记录表，然后清理球场，将球拍和球摆放整齐，并切断电源。

2. 网球场、壁球场服务质量标准

(1) 服务员能够熟练掌握网球场、壁球场的工作内容和服务程序，熟悉网球运动、壁球运动规则，能够较好地提供陪练服务。

(2) 服务员着岗位服装上岗，服装整洁，标志醒目。服务语言应用准确、规范，迎接、问候、操作和告别要使用礼貌用语。

(3) 服务应主动热情。顾客来到球场时，服务员应主动迎接、问候，记录顾客姓名、房号、人数、运动时间要准确，递更衣柜钥匙、毛巾等用品要及时，应在 2 min 内完成。提供球拍和球以及修理球拍等服务要热情周到。

(4) 顾客要求提供教练、陪练服务时，教练员应热情、积极地服务，示范动作应符合规范。陪练时应适度掌握输赢尺度。

(5) 球场组织比赛时，应预先制订接待方案；提前清理场地，协调好比赛活动与其他打球散客之间的关系。

(6) 顾客打球期间，服务员应在球场边提供巡视服务，随时注意顾客的需求和反应。若发现顾客出现不适症状，及时提供急救药品和器材。

四、健身房服务制度

1. 健身房营业前的工作程序

(1) 主管、领班提前 20 min 到安保部领取各房门钥匙并打开房门。

(2) 将照明灯打开。

(3) 领班召集班前会，布置当天的工作，安排员工岗位，提出工作要求，并传达上级指示和注意事项，检查仪容仪表。

(4) 做好营业前的清洁工作。

(5) 备好营业用品：各种单据、表格及文具，客用毛巾、浴巾、短裤，酒吧内各种餐具、器具及饮品。

(6) 将顾客视线内的所有物品、器具等有序摆放。

(7) 准备工作完成之后，由主管或领班检查，不合格之处应重做，直至达到标准为止。

(8) 将送洗衣房的客用品取回，并将用过的客用品送走，做好记录。

(9) 所有营业前准备工作做好之后，再次检查员工仪容仪表是否合乎标准，然后进入营业状态。

2. 健身房服务程序

(1) 服务员见到顾客要主动问候欢迎。

（2）当顾客到柜台办理消费手续时，柜台服务员首先要有礼貌地打招呼，询问具体要求，开出单据，办理完简单的手续后请顾客到收银员处交款；所有单据应按要求填入日营业统计表内。

（3）顾客付款后服务员要询问有无其他要求，如果没有，引领顾客实施其消费项目，并提供必要的服务。

（4）如果顾客借用或租用健身房物品，服务员应以礼貌的态度示意顾客此物品完好，并提醒顾客用毕归还。

（5）顾客归还物品时，服务员要检查物品是否完好。

（6）顾客如果对健身房提供的设备、器械在使用上有不明白之处，服务员应做适当讲解。

（7）如果顾客所要消费的项目已有预订或被其他顾客占用，服务员应引导顾客进行其他项目的消费。

（8）顾客离开时，服务员应提醒顾客将其所租借的健身房物品交回服务台；特殊情况下，服务员要协助解决。

（9）顾客离开消费区域后，服务员应立即做简单的清洁工作，包括地面、家具、烟灰缸及座位等。

（10）顾客离去时，服务员要向顾客致谢并欢迎其下次再来。

3. 健身房吧台服务程序

（1）见到顾客要主动问候欢迎。

（2）当顾客要求提供饮料时，要听清顾客要求，服务要及时准确。

（3）顾客签单时服务员要注意单据签得清楚、准确与否，并告知顾客离开时到服务台结账。

（4）顾客离开时，及时把顾客用过的用具清理干净。

4. 健身房服务质量标准

（1）服务员应该熟练掌握健身房的工作内容和服务程序，熟悉各种健身器械的性能、作用与使用方法，能够指导顾客使用健身器械。

（2）在为顾客提供服务时，要精神饱满、态度热情、服务周到。服务员能够准确使用礼貌用语，对顾客来有迎声，走有送语。对于常客，服务员能够礼貌地称呼其姓名或职衔。

（3）顾客预订或咨询电话打进来时，应在铃响三声之内接听。接听预订电话时，应将预订顾客姓名、预订内容、预订时间记录准确。

（4）顾客来健身房消费时，服务员应主动接待，尽快为顾客登记姓名或健身俱乐部会员卡号，及时准确地为顾客提供更衣柜钥匙、毛巾等用品。

（5）顾客在进行健身锻炼时，服务员应随时注意顾客的安全。当顾客卧推杠铃时，注意适当提供保护服务。

（6）健身房备有急救药箱、小型氧气瓶及急救药品。如果顾客出现不适症状，应及时采取有效措施。顾客在运动过程中如果发生碰伤或其他伤害事故，应及时提供急救药品并给予周到的照顾。

五、游泳池服务制度

1. 普通游泳池服务程序

(1) 服务员每天提前 5 min 到岗，换好工作服，到服务台签到并查看交接班记录，落实上班次交办的工作。

(2) 检查游泳池水质、水温，根据检查情况合理地投放次氯酸钠或优氯净；打捞水中杂物；用水下吸尘器吸除水底沉积物；整理池边的座椅和躺椅，打扫池边卫生；清理机房、泵房，保证地面无积水和杂物，机身无尘土，设备、工具摆放整齐。

(3) 顾客到来时应主动迎接，请顾客填写登记表，并请顾客用客房钥匙换取更衣柜钥匙，为顾客指示更衣柜位置，主动为顾客提供浴巾和拖鞋。

(4) 提醒带小孩的顾客注意照看自己的小孩，不要让儿童到深水区游泳。

(5) 顾客游泳时，服务员和救护员应时刻注意水中的情况，如果发现异常，应及时救护，以保证顾客游泳安全。

(6) 根据顾客的需要，适时提供饮料和小食品，要问清楚种类、数量，开好饮料单，用托盘送到顾客面前。注意提示顾客游泳时不宜饮用烈酒。

(7) 顾客离开时，应注意及时检查更衣柜，并用客房钥匙换回更衣柜钥匙，在登记表上注明顾客离开时间。

(8) 在服务过程中，注意随时擦干台面、地面的水迹。更衣室内的服务员要注意及时清理香皂头、垃圾和浴巾，保持卫生状况良好。

(9) 营业结束时，收齐更衣室物品，检查游泳池，确认没有顾客后关灯、锁门，将钥匙及物品交回服务台，并按规定做好交接班记录。

2. 游泳池更衣室服务程序和规范

(1) 顾客持更衣柜钥匙进入更衣室时，服务员应引领其到达与钥匙号相对应的更衣柜前，并帮助打开柜门。

(2) 顾客更衣后，帮助顾客将钥匙别在钥匙牌内，以免钥匙划伤顾客。

(3) 帮助顾客将钥匙牌系在手腕上，以免丢失。

(4) 客流较少的时候，服务员应该帮助顾客锁好更衣柜。

(5) 如有儿童单独入场，应细心照顾，帮助打开更衣柜并锁好，将钥匙系紧，并陪同他们进入游泳池经营区与家长会合。

(6) 注意顾客的身体情况，对年老体弱者应主动告知安全注意事项；发现皮肤病患者、酗酒者要加以劝阻，保证池水的卫生和顾客的安全。

(7) 如发现顾客带入酒类或玻璃瓶装的饮料，应及时劝阻。

(8) 顾客淋浴时，不要催促。待顾客淋浴完毕，及时将水龙头关紧，以免浪费。如发现淋浴设备损坏，应立即报告领班或主管通知工程部门修理。

(9) 顾客离开后，应立即查看更衣柜，如有顾客遗留的物品，应立即向领班或主管报告。

(10) 发现钥匙有损坏、不好用的，及时向门口服务员通报、登记，以便尽快修理。

(11) 发现有顾客丢失物品或有可疑人员时，应及时上报主管、领班或安保部门领导。

(12) 服务人员不要将自己的物品摆放在营业区域或顾客视线内。

3. 游泳池救护员服务程序

（1）必须严格遵守员工手册所规定的各项规章制度。

（2）按时到岗，开班前会、班后会。

1）换好整洁的工作服，开班前会。

2）服从领班的安排和调动。

3）开始营业时准时到达自己的工作岗位，换好泳装，带好救生哨，穿上印有“救生员”字样的 T 恤衫。

（3）做好开业前的准备工作。

1）泳池清洁：将池底沉积物吸净，池壁擦净。

2）服务设施和水滑梯保持清洁，做到每周不少于两次检查水滑梯有无损坏，并及时除去水锈及污物。

3）检查水温、室温，保持水温 26～28℃，室温 28～30℃。

4）各岗位准备好救生圈。

5）检查安全提示设备是否正常。

（4）顾客进入游泳池后，救护员应用眼睛注视游泳池中的顾客。如发现异常情况，应马上采取相应的救护措施，紧急时应立即跃入水中实施救护。

（5）每场清场后，应巡视检查自己所负责的区域内是否还有未走的顾客，有无顾客遗留的物品，并搞好卫生，为下一场营业做好准备工作。

4. 游泳池服务质量标准

（1）服务员应该熟悉游泳池的工作内容和服务程序，能够按照服务程序和服务规范为顾客提供服务。

（2）具有游泳池设施设备维护保养知识和清洁卫生知识，具有水上救护知识和能力。

（3）能区别不同的接待对象，准确使用迎接、问候、告别等礼貌用语。对常客和回头客称呼姓名或职衔。

（4）接待顾客预订时应主动热情、用语规范，顾客姓名、房号和使用时间记录准确、复述清楚，并取得顾客确认。

（5）顾客来游泳时，应准确记录顾客姓名、房号、到达时间、更衣柜号码等。顾客更衣后，主动引领其进入游泳池。顾客游泳期间，要看管好顾客的物品。顾客休息时，应主动询问他们是否需要提供饮料或食品。顾客离开时，应主动道别并欢迎其再次光临。

（6）提供安全服务。在顾客入门时，要提醒顾客注意游泳安全。在服务过程中，如果观察到有饮酒过量者或身体不适者，应主动劝其离开游泳池。专职救生员应认真坚守岗位，注意水中顾客的情况，发现异常情况，应及时采取有效措施，必要时救生员必须跃入水中实施救护。在服务过程中，防止发生顾客衣物丢失事件，更不允许发生溺水事故。

第三节　娱乐、保健项目服务制度

娱乐项目包括游艺、卡拉 OK 和电影等，保健项目包括美容美发、桑拿浴和按摩等。

一、游艺类项目服务制度

1. 电子游艺厅服务程序

（1）主管、领班提前 20 min 到安保部领取各房门钥匙后开门。

（2）将照明灯打开。

（3）服务员按班次规定时间准时到岗，按规定着装，并向领班报到（签到）。

（4）主管或领班配合财务稽核人员清币。

（5）领班召集班前会，布置一天的工作，安排员工岗位及提出要求，传达上级指示和注意事项，检查仪容仪表，达到上岗要求。

（6）做好营业前的全部清洁工作，包括室内全部游戏机。

（7）核对、补充纪念品，填写电子游艺厅纪念品发放记录。

（8）将室内物品摆放整齐，做好营业前的准备工作。

（9）顾客到来时，服务员要主动迎接、问候。

（10）主动向顾客介绍电子游戏机的特点，并引领顾客到收银台换游戏币。

（11）当顾客玩电子游戏时，要主动为顾客介绍游戏机的操作方法或比赛规则。

（12）认真做好奖品发放记录和维修记录。

（13）当顾客结束游艺活动时，服务员应微笑送客，并主动道别。

2. 电子游艺厅服务质量标准

（1）服务员能够熟练掌握电子游艺厅的工作内容和服务程序，具备本厅游戏机的使用知识。

（2）能够准确执行服务规范，坚持站立服务，使用礼貌用语，服务耐心、细致。

（3）服务态度主动热情，顾客来到游艺厅时应主动迎接，引领顾客到游戏机旁，观察顾客对哪一台游戏机感兴趣，主动向顾客介绍该游戏机的性能、特点及游戏方式等，以激发顾客的游艺欲望。

（4）游戏机出现故障时，服务员应尽快设法排除，如果不能尽快排除，则应请顾客谅解，并询问顾客是否继续玩别的电子游戏，同时应给予顾客一定的补偿。

（5）对于具备竞赛功能的游戏机，如赛车、摩托车越野赛等，服务员应组织顾客参与比赛，并根据规定对比赛中的优胜者给予鼓励和奖励。

（6）顾客娱乐期间，服务员应视情况向顾客提供饮料、食品服务。顾客离去时，账单开具准确，账款当面点清，手续完备。

3. 棋牌室服务程序

（1）提前 5 min 到岗（当日主管、领班提前 15 min 到岗）。

（2）打开电源，检查卫生及机器设备情况。

（3）抄录计数，清点饮料。

（4）顾客到来时，应主动问好，收押金并开单。

（5）为顾客打开房间，开启自动洗牌麻将机，提醒顾客有问题时可呼叫服务员。

（6）为顾客端送饮料并定时清理房间，提供倒烟灰缸、续水等服务。

（7）每隔 10 min 巡查一次房间，询问顾客是否需要其他服务，并制止赌博现象。

（8）顾客离开后要及时清理房间，检查设施物品完好情况。

(9) 为顾客结账要迅速，顾客付款后要致谢。

二、卡拉OK厅服务制度

1. 卡拉OK厅服务程序

(1) 每天上班提前5 min换好工作服，整理仪容，然后签到，由领班分派工作。

(2) 打扫卡拉OK厅内外部环境卫生，擦拭小餐桌、座椅、沙发，擦拭地面和其他营业用品，将桌面上的饮料价目表、蜡烛、桌号签等摆放整齐。

(3) 调试灯光、音响设备，发现异常要及时排除或请工程部门协助维修。

(4) 顾客到来时，服务员要主动迎接、问候，并引领顾客入座，及时按顾客要求提供饮料。服务过程中注意观察，加强巡视，适时补充酒水饮料。

(5) 大厅顾客点歌时，歌单要及时送到音控室，由音控室按先后顺序播放。

(6) 包房顾客入座后，要主动为顾客调好音量，并讲解点歌系统的使用方法。

(7) 顾客消费结束后，要主动向顾客道别，然后将房间整理好。

2. 卡拉OK厅服务规范

(1) 迎宾服务员及吧台服务员应站立服务，顾客到来前应两手自然握在一起，面带微笑，顾客到来后要主动上前迎接，礼貌问好。

(2) 顾客入座后，1 min内开始服务，递点歌单、饮料单、点歌卡和铅笔，主动向顾客介绍歌曲内容，并帮助顾客查找歌名。

(3) 根据顾客需要递送酒水，在递送酒水时注意不要挡住顾客视线，注意随时撤换烟灰缸，要用干净的烟灰缸盖上用过的烟灰缸后再进行撤换。

(4) 顾客演唱时，音响师要将音量、混响、降噪等系统调整适当，使音质优美、图像清晰。

(5) 主持人要与服务员、音响师协同配合，适时调动顾客的情绪，掌握顺序，语言要生动、幽默。

(6) 服务员要加强巡视服务，根据顾客需要，及时补充酒水及食品。

(7) 顾客离座时，服务员应主动上前道别。顾客离座后的桌椅和沙发，应在2 min内整理完毕。

3. 卡拉OK厅服务质量标准

(1) 服务员应熟悉卡拉OK厅的工作内容和服务程序，具有较好的音乐修养。

(2) 服务中能够准确执行服务规范，坚持站立服务、微笑服务，使用礼貌服务用语，耐心、细致地满足顾客的正当要求。

(3) 音响师要具备较好的音乐修养、音响设备的相关知识、娴熟的设备操作技巧和较丰富的实践经验，能满足顾客唱歌时对音响控制的要求。

(4) 主持人口齿清楚，音色圆润，思路敏捷，善于掌控和调动顾客的情绪。

(5) 顾客到来时，服务员要主动迎接、问候并引领入座。顾客入座后1 min内开始递送歌单、酒水单、电子点歌笔等，并帮助顾客查找曲目和编号。

(6) VIP厅顾客点歌时，服务员应帮助顾客在点歌器上点歌；顾客自行点歌时，服务员应在一旁协助。

(7) 在服务过程中，应视顾客需要及时提供酒水和食品，服务要周到细致。

(8) 顾客在演唱过程中，服务员应加强巡视服务，如果顾客之间发生争吵，服务员要能够委婉地劝解，维护卡拉 OK 厅的正常秩序。顾客离去时，应主动道别，并欢迎其再次光临。顾客离座后，桌椅应在 2 min 内收拾整洁，准备迎接下一批顾客。

三、多功能厅服务制度

1. 多功能厅服务程序和服务规范

(1) 到安保部值班室领取大门钥匙。

(2) 换好工作服后签到。

(3) 打扫卫生（包括大厅、看台、办公室）。

(4) 检查各种设备是否完好，设施有无损坏。

(5) 由领班召集班前会，具体内容如下：

1) 检查仪容仪表。

2) 总结前一日工作情况。

3) 布置当日工作。

4) 及时总结前一阶段出现的问题，并提出相应的改进措施。

(6) 进行岗前准备，具体内容如下：

1) 提前 10 min 到岗。

2) 将前一日工作日志交至康乐中心办公室。

3) 检查岗位上有无异常情况，做好营业准备。

(7) 执行门岗行为规范，具体内容如下：

1) 精神饱满，彬彬有礼，微笑服务。

2) 热情、礼貌地接待顾客。

3) 耐心解答顾客的提问，与顾客对话时眼睛要正视顾客，音量适中。

4) 使用敬语，不与顾客争辩，更不能与顾客争吵。

5) 站姿标准，两手轻握，自然交叉在前或自然下垂于身体两侧，不叉腰、抱肩、插兜或倚靠他物。

(8) 执行大厅流动岗行为规范，具体内容如下：

1) 引领顾客入座。

2) 随时打扫厅内卫生。

3) 协助顾客在厅内的一切活动。

(9) 下岗后及时反映岗位上出现的问题及其他一些情况。

(10) 如有大型活动，岗位设置可有所变化。活动结束时，全体人员列队于门口，欢送顾客。

(11) 活动结束后，及时清理场地，搞好卫生。

(12) 经主管或领班确认无事后，方可签退下班。

2. 音响控制室服务程序和服务规范

(1) 到安保部值班室领取钥匙。

(2) 打扫 DJ 室内卫生及喷泉池卫生。

(3) 将前一日工作日志交至康乐中心办公室。

(4) 岗前准备：

1) 检查设备情况。

2) 准备当日所需物品。

3) 了解当日活动安排。

(5) 检查设备情况并填写工作日志。

(6) 对当日所用物品进行清点，并恢复原位。

(7) 切断电源，确保一切无事后，方可离去。

3. 文艺演出、冷餐酒会、宴会等活动服务程序

(1) 由康乐中心、营销部等有关部门协调配合，必要时成立接待小组，以便安排工作。拟订一份详细的方案交与管理层审批，经批准后再返回康乐中心、餐饮部和其他有关部门一起统筹安排。

(2) 若需要布置场地或改变其他设施，应请工程部门和其他部门协助配合。

(3) 当某项活动与餐饮有关时，应与餐饮部经理共同协商，安排工作。

(4) 门口服务员在门口收票并随时提示顾客注意事项，维持入场秩序。

(5) 厅内服务员应礼貌地将顾客引领到指定的座位上。

(6) 注意照顾老幼或行动不便的顾客。

(7) 服务员注意随时提示顾客不要在禁烟区吸烟。

(8) 节目开演前，清洁员必须不断地打扫卫生。

(9) 节目演出期间，服务员应维持场内秩序，保持安静。

(10) 节目结束后，服务员与保安员共同协助顾客有序退场。

(11) 服务员迅速清理场地，并协助卫生清洁人员搞好现场卫生，为下一次活动做好准备。

四、夜总会服务制度

1. 服务员仪表端庄，穿着整洁的制服，面带微笑，谈吐文雅、温柔。

2. 当顾客前来消费时，迎宾员要上前迎接并问候；顾客进场后，领位员要根据顾客要求和人数引领他们入座。

3. 服务员热情有礼，上身稍向前倾，双手递上饮品和食品价目表，请顾客选择。

4. 将顾客的饮品单交吧台调配，然后由服务员将饮品端给顾客；服务员送酒水和食品时注意不要遮挡顾客视线。

5. 当顾客要吸烟时，服务员应马上掏出打火机为顾客点烟（指在允许吸烟区域）。

6. 经常观察烟灰缸，发现有烟灰、烟蒂应尽快更换，烟灰缸内的烟蒂不得超过两个。

7. 当发现顾客的饮品用完时，应及时询问顾客是否还需要饮品；如果茶几或饮品台有水迹，应及时用毛巾擦拭干净。

8. 服务员应经常留意顾客的手势，不论顾客有什么要求，在可做到的范围内都要予以满足。

9. 服务员之间除了工作需要外，不要交头接耳或对顾客评头论足。

10. 当顾客示意买单时，服务员应先回应一声，然后向收银员索要账单并取出清洁毛巾。

11. 当为顾客送上账单时，应一并将毛巾送到顾客手上。

12. 服务员接过顾客所付钱款后，应唱收钱数，然后送给收银员；找零后应及时交给顾客，并道一声“谢谢”。

13. 顾客离座后，应立即清理台面上的空杯子、果皮及其他物品，然后将台面擦净。

14. 在清理台面的时候，应留意有无顾客遗留的物品；如有，应及时送还顾客或上交领班。

五、美容美发室服务制度

1. 美容室服务程序

（1）美容师到岗前应换好工作服并签到。

（2）打扫美容室卫生。擦拭台面、座椅，做好美容器具的消毒工作，准备好美容药品、护肤品、化妆品、毛巾等，打开蒸汽设备电源开关。

（3）顾客到来时要主动迎接，填写登记表，然后根据预约或要求安排美容，为顾客介绍服务项目，根据顾客情况适当推荐一些项目。询问顾客是否指定某位美容师为其服务。

（4）顾客挑选好美容师后，服务员引领其至更衣室，请顾客更换美容衣，准备美容床，然后请美容师按照美容护肤程序为顾客提供专业护肤服务。

（5）待做完美容后，服务员为顾客端送饮用水，帮助顾客整理发型，为顾客提供结账服务，帮助顾客穿衣戴帽，提醒顾客带好随身物品，向顾客道别。

2. 美发室服务程序

（1）美发师应于上班前换好工作服，到服务台签到。

（2）在营业前完成责任区域清洁卫生工作，擦拭座椅、镜子、盥洗台面，用医用酒精或其他规定使用的消毒液对美发工具进行消毒。

（3）顾客到来时应主动迎接，接挂衣物，请顾客坐下。如果顾客较多，请他们按顺序等候，并告知顾客大约等候时间。可为顾客提供一些书报杂志和饮用水，以缓解顾客等候时的烦躁情绪。

（4）顾客入座后，检查顾客发型、发质，询问顾客要求，请顾客挑选美发师，并安排其洗发，然后由美发师根据顾客具体要求提供美发服务。

（5）待做完美发后，服务员上前征求顾客意见，为顾客端送饮用水，并提供结账服务，提醒顾客带好随身物品。

第四节　康乐服务设施设备的日常管理

在康乐中心经营中，现代化的康乐器械、完善的康乐设施会吸引大量的顾客。很多风景名胜区的旅游饭店，特别是大城市和经济发达地区的饭店，康乐中心的收益在整个饭店总营业额中占有很大的比重。康乐服务设施的好坏直接影响到康乐业务经营的效果。

一、康乐服务设施设备综合管理的任务内容

康乐服务设施设备综合管理的任务是采取一系列技术、经济、组织措施，对康乐服务设施设备的设计、购置、安装、使用、维修、改造、更新直至报废的全过程进行综合管理，以实现设施设备最经济、综合效能最高的目标。

1. 康乐服务设施设备管理的具体任务

（1）要以设施设备的使用寿命周期作为管理的对象，力求设施设备在使用寿命周期内消耗的费用最少，综合效率最高。

（2）设施设备的设计制造应采用系统论的观点，力求在使用中达到准确、安全、可靠，在维修中便于检查与修理，使设施设备达到较高的利用率。

（3）按照技术先进、经济合理、技术服务好的原则正确选购设备，为康乐中心提供优良的设备。

（4）在节省设备管理费用和维修费用的前提下，力求设备始终保持良好的技术状况。

（5）搞好设备更新与改造，提高设备的现代化水平，使康乐中心的经营服务建立在最佳的物质基础之上。

2. 康乐服务设施设备日常管理的内容

康乐中心正常运转的首要条件是康乐服务设施设备始终处于完好状态，以便充分发挥它们的效能。为此，要合理使用、保养设备，及时排除故障。努力掌握康乐服务设施设备的运行规律，配备必要的检测维修工具和技工，保证康乐服务设施设备的正常运行。

（1）保证设施设备处于良好的运行状态

1）操作人员要保管好自己使用的工具和附件。未经工程部经理批准，不得改动康乐服务设施设备的结构。非本康乐服务设备操作人员，不准擅自操作。具体责任人员不得擅离工作岗位，有事必须切断电源，发生事故后应保护现场，及时向有关人员如实报告。

2）要严格遵守康乐服务设备操作规程，不超负荷使用，不带病运转。不在康乐服务设备的滑动导轨面上放置物品。

3）保证康乐服务设备按期修理。积极认真做好一级保养，配合做好二级保养，修理前操作人员应主动反映康乐服务设备的使用情况，并参加试运行验收。

（2）降低费用支出

降低费用支出，保证康乐服务设备在使用寿命周期内的费用支出最低。在管理上要讲求经济效益，提高赢利水平，降低管理过程中各个环节的费用支出。

（3）及时更新过时的康乐服务设备

更新过时的康乐服务设备，有助于保持饭店良好形象，增强顾客的新奇感。要有计划、有步骤地更新康乐服务设备，不断改造原有的康乐服务设备，提高康乐服务设备的运行质量。

二、康乐服务设备的选择

康乐服务设备的选择应遵循技术先进、经济合理、安全节能且能够满足饭店经营实际需要的原则，结合饭店长远发展方向加以全面考虑。在具体运用上应结合以下因素：

1. 注重设备的安全性和可靠性

设备的安全性是指设备在使用过程中要确保安全。设备一旦发生事故，直接威胁到使用者的健康和生命，会给饭店带来巨大的经济损失。因此，在选择康乐服务设备时，必须注意有无安全防护装置，以免发生人身或设备事故。设备的可靠性是指设备精度和准确度的保持性、零件的耐用性、预防故障停机等。

2. 注重设备的环保性和节能性

设备的环保性是指饭店设备的噪声和饭店设备排放的有害物质对环境所造成的污染程度。设备的节能性是指设备节省能源消耗的性能。节能好的设备表现为热效率高、能源利用率高、能源消耗少，具体表现为小时耗电量、耗油量、耗气量少等。

3. 注重设备的配套适用性和维修性能

设备的配套适用性是指设备能适应不同的工作环境和条件，操作、使用比较方便灵活，且通用性强。设备结构简单紧凑，质量轻，体积小，占用作业面积小，移动方便。设备使用到一定程度要进行修理，这是设备物质运动的一般规律。

为了便于维修和节省修理费用，要考虑设备的维修难度。维修性能好的设备是指设备结构简单，零部件组装合理，维修时零部件容易拆卸，便于检查，零部件的通用性、互换性好。

三、康乐服务设施设备的检查和保养

1. 康乐服务设施设备的检查

为了全面掌握康乐服务设施设备技术状况的变化和磨损情况，应定期检查，及时查明和消除隐患。

（1）检查类型

1）每日检查。根据康乐服务设施设备的不同类别，由康乐中心、工程部门共同编制日常点检卡片，确定点检项目。为了把设备故障损失控制在最小范围之内，应进行每日检查，及时发现事故隐患，及时维修。可在交接班时由设备操作人员执行，并同日常保养结合起来。康乐中心操作人员根据点检卡片，凭借自己的经验和感官，对设施设备各个部位进行状态检查。

2）定期检查。事先制订检查计划，由操作人员、维修人员进行检查。

3）功能检查。对康乐服务设施各项功能进行检验和测定。

4）精度检查。对康乐服务设备精度进行全面检查和测定，以确定设备精度的变化情况。

（2）检查方法

应根据检查项目的实际情况，分别采取目视、耳听、手摸等方法。也可以运用科学的检测仪器、仪表和工具对正在运行的康乐服务设备进行一系列的检查和测定。采用这种技术能够全面、准确地掌握康乐服务设备磨损、老化、劣化、腐蚀的部位和程度，以及其他有关情况。

在此基础上，进行早期预报和追踪，把康乐服务设备的定期维修制转化为比较经济、合理的预防维修制。这样，一方面可以避免康乐服务设备事故的发生，减少在不掌握康乐服务设备磨损情况下，盲目拆卸给设备带来的损伤；另一方面也可以减少停止康乐服务设备运行所带来的经济损失。

2. 康乐服务设备的保养

康乐服务设备的保养是指定期对康乐服务设备进行系统的检查、清洁、润滑、紧固、调整或更换某些零部件。

（1）康乐服务设备保养的要求

1）保持康乐服务设备的清洁和润滑。具体包括：康乐服务设备内外部清洁，各滑动面、丝杆、光杆等处无油污、碰伤和锈蚀，各部位不漏油、漏气（汽）、漏水、漏电。按时加油、换油，油质要符合要求。油壶、油枪、油杯齐全，油毡、油线清洁，油杆、油窗醒目，油路畅通。

2）保持康乐服务设备摆放整齐及安全。工具、工件、附件放置整齐，安全防范装置齐全，线路、管道完整。实行定人定时交接班记录、运行状态记录及日常点检记录等制度，遵守操作规程，避免事故发生。

（2）康乐服务设备保养的类型

1）日常保养。由操作人员对设备进行清洁、润滑并紧固易松动的螺栓，检查零部件是否完整。日常保养的项目和部位大多数位于设备外部。

2）一级保养。通常情况下，在设备累计运行 500～600 h 后，就要进行一次一级保养。主要包括以下内容：

①根据康乐服务设备的使用情况，进行部分零部件的拆卸、清洗、修复。

②对康乐服务设备的各个配合间隙进行适当的调整。

③检查并调整润滑油路，清洗油毡、油线、滤油器、滑动导轨面等，适当加注润滑油或润滑脂。

④清扫电气箱、电动机，做到电气装置固定整齐，安全防护装置牢靠。

⑤清除康乐服务设备表面油污。

3）二级保养。康乐服务设备累计运行 2 400～2 500 h 后，就要进行二级保养。二级保养以检修人员为主，操作人员协同配合。主要包括以下内容：

①根据康乐服务设备的使用情况对其进行部分解体检查、清洗、修复或更换易损件。

②对设备的主轴箱、变速传动箱、液压箱、冷却箱进行清洗并换油。

③检修设备的电气箱和线路，清洁电动机。检查、调整、修复设备精度，校正机座水平度。

四、康乐服务设备的修理

设备修理是指消除劣化，更换已磨损的零部件，使设备的技术性能得以恢复。对饭店的康乐服务设备可以进行预防性修理，即在设备虽已磨损但未发生故障时所进行的预防性修理，也可在设备由于磨损而不能继续使用的情况下被迫修理。

进行预防性修理，可以避免因设备故障影响经营而造成的重大损失，因而被广泛运用。预防性修理，由于不是在设备发生故障后再停机修理，因此并不会给经营造成损失，反而减少了平时的维修费用。

1. 康乐服务设备的计划修理

康乐服务设备计划修理的内容包括：

（1）预防性修理和改善性修理

预防性修理通过日常点检、定期检查、精度检查，可以准确掌握设备实际技术状况，在设备发生故障前有计划地进行修理。改善性修理是为了解决设备反复出现的故障和提高一部分设备的原有技术性能而进行的改进性修理。改善性修理有时候单独进行，但大多数时候是在预防性修理项目中列入改善内容。

（2）同步修理和预知修理

同步修理是指同一设备上的两个或两个以上的零件在同一时段内损坏，导致其故障同步发生（一次发生），从而使得这些损坏零件造成的更换和修理可以一次进行。对同类设备，故障周期越接近，需要停机修理的时间大致相同的零部件越多，修理停机的时间就越短，修理的经济效果也越好。为了实施同步修理，通常要采取以下步骤：

第一，详细记录每次修理的情况，包括派工单、修理内容、故障间隔期、停工修理的时间及造成的经济损失、停工修理的费用。

第二，按时间顺序排列各种故障记录。

第三，将以上结果列成表格，然后进行比较。

第四，对数据进行分析，做出排除有关同步故障的决定。

同步修理一般用于关键、大型、昂贵、复杂的设备以及流水线上的设备，其经济效益更加显著。预知修理（也称预知维修）能对设备故障敏感部位的运转状态进行连续监测。其信息通过计算机进行处理，可在早期预测出将要发生的故障，并自动发出警报，从而极大地降低了维修工作中的盲目性。

2. 康乐服务设备的故障修理

设备故障修理是指设备由于预防维修措施不善而发生故障后所进行的事后修理。设备发生故障的原因一般有：设备在设计、制造、装配中存在缺陷；设备使用的原材料不合格，在试验、检验过程中未被发现；设备在使用过程中，产生磨损、变形、疲劳、振动等现象；设备维修不良，超负荷使用及操作方法不当；设备长期失修等。

（1）设备故障的种类

1）突发性故障。突发性故障是指通过事先的测试或监控，无明显的征兆，且无发展过程的随机性故障。发生故障的概率与使用时间长短无关，如冷却液、润滑油突然中断，超负荷运转引起零件的损坏等。

2）渐发性故障。渐发性故障是指通过事先的测试或监控能够预测到的故障。发生故障的概率与使用时间长短有关，即时间越长，发生故障的概率越高，如零件的磨损、疲劳、腐蚀、老化等。

（2）设备故障的修理

康乐服务设备在下列情况下应立即采取修理措施：当设备突然发生故障时；日常点检时，发现必须由专业维修人员立即排除的故障或缺陷；定期检查发现故障，确有必要立即修理的。设备发生故障后，操作人员应向设备维修部门提出修理要求，维修部门应立即赶往现场进行抢修。特别是重点设备的故障，要优先进行抢修，尽量缩短修复时间。维修人员对故障原因、停歇时间要认真进行记录，并在分析每次故障原因的基础上，积极采取有效的防范措施，防止故障再次发生。

五、康乐服务设施设备的改造与更新

当今社会科学技术飞速发展，现有设备不断完善，设备无形老化的速度越来越快，陈旧成为设备最突出的问题。设备在使用过程中有寿命期限，又有因各种磨损所引起的经营费用增加以及设备逐渐贬值等问题。

1. 康乐服务设备的磨损

（1）设备的有形磨损

有形磨损是指设备在使用过程中，由于零件的相对运动产生摩擦而形成的磨损。设备的有形磨损分为两种情况：一是设备在使用过程中，由于物理、化学变化的影响，如摩擦、冲击、疲劳、腐蚀和变形而产生的磨损，这种磨损是看得见或能够感觉得到的磨损；二是设备闲置时，由于物理、化学变化的影响，引起生锈、腐蚀变质，或设备缺少必要的维护保养而丧失精度和工作能力，这种闲置中的磨损称为第二类磨损或自然磨损。

（2）设备的无形磨损

当今社会科学技术飞速发展，由于社会劳动生产率的提高，生产设备的劳动消耗减少，从而引起设备的贬值；或由于出现了性能更加完善的设备，使原有设备价格相对贬值，这种由于非自然力作用所引起的设备价值的损失叫做无形磨损。总之，设备在有效使用期内，既要承受有形磨损的损失，又要承受无形磨损的损失。

2. 康乐服务设施设备的改造

康乐服务设施设备的改造既要考虑设备的技术性、适用性，又要考虑设备的经济性。例如要改造一种旧设施设备所投入的费用不如购买新的设施设备，那么这种设施设备就没有改造的必要。一般最普通、最典型的设施设备改造，不是改造役龄最长或役龄最短的设施设备，而是改造役龄中等的设施设备。不是从根本上改变原有设施设备的结构，而是改造或增加某些结构，改善设施设备的技术性能。

设施设备改造计划工作应该由饭店的主管部门负责，制订设施设备改造计划和方案，每项设施的改造无论是较大的工程还是结合修理进行的较小工程，都必须有改造设计图纸，并将竣工图及修理技术资料整理存档。设施设备改造后，要对原有设施设备的技术管理资料重新整理，对原有设备的专用备件进行妥善处理。

3. 康乐服务设备的更新

设备的更新是指用比较先进的和比较经济的设备来代替物质、技术和经济上不宜继续使用的设备。在进行设备更新时，既要考虑设备的自然寿命，又要考虑设备的技术寿命和经济寿命。康乐服务设备的寿命分类如下：

（1）自然寿命

自然寿命是指设备的物质寿命（或使用寿命），即从设备投入运营到设备报废所经历的时间。

（2）技术寿命

技术寿命是指设备的有效寿命，即从设备投入运营到被新技术淘汰所经历的时间。

（3）经济寿命

经济寿命是以维修费用为标准所确定的设备寿命。设备到了自然寿命周期的后期，由于依靠过多的维修费用来维持其自然寿命，就会造成经济上的不合算，其报废界限是综合效益低劣。

思考与练习

1. 康乐中心制定规章制度的依据是什么？
2. 康乐中心制定规章制度的方法和步骤是什么？

3. 具体说明保龄球馆的服务程序。

4. 以小组形式，选择喜欢而在本章中又未提出的康乐经营项目，制定出服务程序，并尝试编制该项目的员工岗位设置和相应的人员管理制度。

5. 以小组形式，选择感兴趣的康乐项目服务程序进行角色扮演练习。

6. 简述康乐服务设施设备综合管理的具体任务。

第四章

康乐中心营销管理

学习目标

- 掌握不同顾客群体的消费需求，能够有针对性地实施康乐中心营销活动。
- 掌握建立康乐中心会员制需要注意的事项。

案例引入

某饭店康乐中心的歌舞厅在开业一年后客源骤减。偌大的舞厅内，稀稀拉拉的顾客与华丽大气的舞厅装修显得格格不入。歌舞厅的李经理经过一段时间市场调查及分析后决定：白天在舞厅免费举办交谊舞培训班。他认为，饭店有一个装修豪华的大舞池，是其他竞争对手所不能比拟的；且交谊舞是较持久的娱乐产品，其生命周期较长，值得培育和推广，可以通过免费办班的方式来培育潜在市场。所有的舞厅、迪厅均免女宾票，甚至在周二、周三、周四迪厅免门票。他的思路是：有钱的坐下来消费，天天捧场；钱少的隔三差五地来消费；没钱的也来捧个场，渲染一下气氛，替舞厅做个口碑宣传。

又经过一段时间的观察，李经理发现社会上新开的娱乐场所前三个月都火暴赚钱，尔后就会因新竞争者的加入和消费者口味的变化而导致生意滑坡。为了吸引善变的顾客，李经理大力推行新产品开发，一个星期内至少推出两台不同形式的晚会活动，邀请不同的歌手、舞蹈队及嘉宾，还借助各种节日开展主题活动，采取抽奖等形式笼络大量客源。

新的营销方案实施后不久，舞厅里每天人山人海，节目新颖多变，客源大增，甚至为了保障场内安全，歌舞厅不得不对进场人数进行限制。这样一来，舞厅的票价再次被部分人吹捧炒高，舞厅的营业额很快创下了新的纪录。

课前思考

案例中的李经理采用了哪些营销方法来扩大市场？

第一节　饭店康乐活动营销

一、康乐消费者需求形态

依据康乐消费者的消费心理，康乐消费者需求形态大致可概括为休闲康乐需求、工作交际需求、放纵消遣需求和攀比从众需求四种。

1. 休闲康乐需求

经济的发展、科技的进步，使人们有了充裕的、可自由支配的经济收入；而生产率的提高、生产水平的上升，给人们带来了更多的闲暇，这使得休闲康乐成为可能。显然，高收入的、享有带薪休假的白领阶层是拥有上述两个条件的密集群体。如饭店中的顾客，尤其是商务顾客，对休闲康乐的需求是巨大的，他们希望在一天紧张、忙碌的商务谈判、推销之余，能够通过轻松、活泼的康乐活动来放松身心。设在饭店内的康乐活动项目使他们足不出户便能达到放松的目的，享受惬意的服务。休闲康乐型顾客的最大特点是以休闲为目的，把康乐作为调节、恢复身心机能的手段，从而能够以更加充沛的精力投入到未来的工作中去。

2. 工作交际需求

因为各种原因，人需要与外界交往、接触。很多人在工作之余到康乐场所与人交往，结识朋友。公司、企事业单位的工作人员为了本单位的利益，从加强本单位业务联系的角度出发，与相关人员进行工作接触和情感交流。一些人认为，只有陪同有关人员光顾康乐场所并进行康乐消遣才算够档次，才能达到公关、联络感情的目的。更有一些单位或公关人员把这种方式奉为公关的法宝来运用。为了工作交际需要的顾客，只是把到康乐场所消费作为公关的一种手段，在唱歌、跳舞中加强感情联络，达成商务共识，其最终目的是为了以后工作能够顺利开展。

3. 放纵消遣需求

目前社会生存的压力使得少数人精神过于压抑，而压抑的感觉是需要得到释放的。一些人为了释放压力，频繁地出入于康乐场所，进行放纵消遣型康乐消费。放纵消遣型也可称为及时行乐型，它最能反映出此类顾客及时行乐的消费观点，这类消费者以年轻人居多，其消费目标是让自己玩得高兴，其参与的康乐项目也多为惊险、刺激、热烈的活动。

4. 攀比从众需求

所谓从众，是指人们自觉或不自觉地以某种集团规范或多数人的意见为准则，做出社会判断，改变自己态度的现象。当消费者看到周围的人纷纷热衷于某项康乐活动时，会受从众心理的影响而进行此种消费。从众心理支配下的消费者一般本身并无强烈的消费意愿，但又受心理因素左右。攀比从众型顾客消费的促因是虚荣心，消费多是被动的，受别人的影响和左右，因此其康乐消费并无明确目的，一般多以满足自己的虚荣心为最终结果。

二、有针对性地开展饭店康乐营销活动

根据年龄、性别、职业、民族、文化程度、社会环境等因素，可以划分出众多不同的消费群体及其各不相同的消费特征。康体娱乐消费主要有三种类型：一是面向公众的娱乐活动；二是具有阶层消费特点（按年龄、性别、爱好划分）的康体活动；三是面向特殊消费群

体的娱乐活动，主要是白领、知识分子、艺术精英和文化官员。

不同的康乐项目面向不同的顾客群体，在营销时应根据不同的群体采取相应的营销方法。不同收入水平、不同素质的人对康乐消费期望的目标是不相同的，康乐营销活动就是对这些不同的顾客群体进行相应的营销宣传。

1. 针对不同年龄的人进行营销

青少年处于求新进步的阶段，一般对新鲜事物、独特活动、热闹场面都充满好奇。面向这一年龄段顾客的康乐经营内容应体现青少年的特征，如打新奇感强的电子游戏、上网、打台球、溜旱冰、去练歌房和迪厅。中青年正处于事业奋斗阶段，工作压力大，孤独感强，喜欢和同事、朋友一起选择既休闲放松又具有一定交际功能的康乐场所，如酒吧、舞厅、台球厅、保龄球馆等。从市场需求来看，30 岁左右、追求康乐时尚的青年群体是当今社会最有钱也是最会花钱的群体。中年人一般都已成家立业，一方面选择合适家庭成员的康乐项目，如光顾康乐园等；另一方面选择一些保健性的康乐项目，如健身、美容、护肤等。老年人一般根据自身条件选择一些消闲性的康乐项目。

2. 针对不同职业的人进行营销

工薪收入阶层（如职员、教师等）一般比较注重康乐活动的功能，强调经济实惠；高薪收入阶层（如公司老板、高级白领等）强调树立个人声誉，注重康乐环境，讲究排场。饭店康乐营销必须认真分析顾客的职业特征，尽量满足顾客的职业需要。如休闲健身、美容康乐的消费群体以企业界人士及商务洽谈、商务旅游休闲人士为主。

3. 针对不同文化水平的人进行营销

一般文化层次较高的顾客，对高品位的康乐活动有偏好，如教师有较高的文化程度。生活水平的提高、消费观念的进步，使得休闲康乐消费方式与种类也越来越多，如卡拉 OK、保龄球、网球、钓鱼等。他们的消费从满足基本生存需求向追求精神消费和服务消费转变。文化层次较低的顾客喜欢赶时髦、热闹的康乐活动。文化水平的高低反映了人们对康乐的不同认识，同时也反映在需求水平上。

4. 针对不同性别的人进行营销

女性消费者不仅数量大，而且在消费中起着重要作用，已成为市场上最活跃的主角。当代女性消费者最显著的特点就是追求时尚、美感，在购买商品时，特别注重商品包装、色彩和艺术美，容易受流行风尚的影响，而把商品的实用价值置之脑后。同时，女性消费者在购买心理上具有较强的自我意识，对商品品牌非常敏感，易于在情感的支配和影响下临时产生购买欲望或形成对某种商品的偏爱。

男性消费者基本上处于被动状态，即需要时才会购买；男性消费者对商品结构与功能的了解优于女性消费者，他们对新产品的接受更为积极主动；一旦对某种产品产生购买动机，就会迅速付诸购买行动。在消费上，男性消费者更具有求新、求异和开拓精神，往往对新产品的特性有较高要求，敢于尝试新生事物。男性消费者购买产品更为理智和自信，在购买决策上敢于冒险，富有主见、个性和独立性等，善于独立思考，自己下定决心后，一般不会轻易受外界环境或他人的影响。

5. 针对不同地区的人进行营销

地区差异体现的是文化、习俗的差异，这些差异为文化康乐活动带来了新的活力；同时，康乐活动营销也应体现出这种差异性。一是温饱型消费，指人均年收入在10 000～20 000元之间的家庭。这部分家庭整体生活水平已进入温饱阶段，消费以生活必需品为主，边际消费倾向强烈，对各类消费品的需求呈数量扩张；但由于购买力有限，有效需求明显不足。这部分家庭主要集中在我国西部大部分地区、中部小部分地区以及东部少数地区。二是温饱向小康过渡型消费，指人均年收入在20 000～30 000元之间的家庭，整体生活水平处于温饱向小康过渡的阶段。这种类型家庭的消费特征是对消费品的需求已由数量扩张阶段过渡到质量提高阶段，具有一定的购买力，消费观念处于由农村向城镇转化阶段。在对日常消费品、生产资料以及家电产品的需求上，已开始对品种、质量、品牌、档次表现出明显的关注；但要实现消费能力的升级，还需要一定时期的积累，在预期收入不高的情况下，即期消费能力受到抑制。这部分家庭主要集中在中部大部分地区、东部和西部部分地区。三是小康型消费，指人均年收入在30 000元以上的家庭。小康型家庭多分布在东部大部分地区、中部小部分地区以及西部少数地区，这部分家庭整体生活水平已步入小康。由于手持现金和存款，已具有满足消费意愿的能力，因此传统的生产生活消费品基本饱和，特别是住房消费大多已经完成，消费热点已开始向家电产品和休闲娱乐产品转移；其消费结构升级的愿望强烈，消费观念明显趋向城市化。

6. 针对不同收入群体的消费差异进行营销

消费营销应根据不同消费群体的特点，制定出相应的消费政策。在消费领域，引领高收入群体要有一个好的消费环境，关键是丰富消费内容、提升消费品位、引领消费方向，尽量促进他们在康体娱乐上的消费。比如，开发适合这一群体的文化娱乐消费项目，同时积极改善这些产品和服务的供给质量，最终达到促进消费的目的。改善中等收入群体的消费预期，刺激其消费主要应以稳定收入、增加和改变其心理预期为主。

随着经济发展和人民生活水平的提高，休闲、运动及旅游服饰用品成为新的消费热点，消费者文化需求提高，康乐、休闲、运动、文体用品类零售额不断上升。消费心理个性化、品牌化、时尚化、流行化等趋势日益明显，饭店必须为消费者提供康乐项目定位准确的特色经营和专业服务。未来康乐中心的发展方向将是市场定位鲜明，经营主题突出，以独特的经营模式、经营内容和经营管理方式吸引消费者，这样才能立于不败之地，才能拥有强大的市场竞争力和生命力，最终获取商业利润，体现企业自身应有的价值。

第二节 康乐中心会员制营销

康乐中心会员制是指给予定期交纳一定会费的会员各种优惠和优先待遇的经营方式。其营销目的是鼓励顾客提前购买消费权。这种方式是专为取得会员资格的特定顾客提供服务。从会员资格的角度来考察，饭店康体娱乐项目之所以要采用会员制经营方式，目的是为了适应社会需求、限制消费能力差的顾客、提高客源档次、扩大社会影响、增加经济收入而选择的一种特殊经营方式。所以，康体娱乐项目会员制经营方式实际上是一种顾客身份地位的象征。它主要适用于高尔夫球、健身、台球、壁球、网球、保龄球、夜总会等高消费的康体娱乐项目。

一、会员制营销的主要优势

1. 会员制营销可以帮助企业准确找到目标消费者，帮助企业判定目标消费者的消费标准并准确定位。

2. 会员制营销成本最小化，效果最大化，在最合适的时机以最合适的产品满足顾客需求，可以降低成本，提高效率。

3. 顾客终身价值的持续性提高，以便能够记录顾客的最新反馈，利用公司的最新成果制订出针对性强的保证稳定消费群的计划。

4. 消费者群体观念，即一个特定的消费者群体对同一品牌或同一项目产品具有相同兴趣；发展新的服务项目并促成购买过程简便化，带来重复购买的可能。

5. 双向个性化交流，买卖双方实现各自利益，任何顾客的投诉或满意度都可通过这种双向信息交流的方式进入公司顾客数据库；公司根据信息反馈改进产品或继续发扬优势，实现最优化。

二、采用康乐中心会员制需要注意的问题

1. 需要吸收的会员层次

饭店康体娱乐项目采用俱乐部会员制经营方式，会员身份大多是其社会地位的象征。因此，需要吸收的会员大多是政界要人、工商巨头、社会名流等社会地位和消费能力较高的顾客，如饭店高尔夫球俱乐部、保龄球馆、台球俱乐部、健身俱乐部会员等大多如此。身份地位较低的顾客可以随时前往健身娱乐，但大多不会成为其俱乐部会员。

2. 会员制顾客的消费水平

饭店康体娱乐项目会员俱乐部会员大多消费水平较高，他们往往具有相当的经济实力或具有强势的社会背景。对饭店经营者来说，俱乐部会员消费方式分为两种：一是定期交纳俱乐部会员会费。其会员资格又可分为金卡会员、银卡会员等不同档次。会费收取金额较高，有的高尔夫球俱乐部或赛车俱乐部会员，其会费每年高达100万～200万元。二是每月交纳康体娱乐项目的管理费或场地使用费等。这些费用都比门票消费高得多。至于饭店康体娱乐项目的门票收入，则主要取决于项目经营好坏和每天的接待人数及设施利用率的高低。

3. 会员制客源的稳定程度

饭店康体娱乐项目采用会员俱乐部的经营方式，其收入来源主要是会员交纳的会费。饭店康乐中心在采用会员制经营方式的过程中，要尽可能做好广泛宣传，特别是要加大对有经济实力人群的宣传力度。通过精心设计，研究制定出档次较高、客源层次较高、活动方式灵活、具有较强吸引力的会员俱乐部及其会员章程。会员人数不宜过多，但要保证客源层次和会员人数的相对稳定，以确保每个会员俱乐部的经济收入。从业务管理的角度来看，饭店康体娱乐项目会员俱乐部业务经营的关键在于对俱乐部会员的公关技巧，其次才是业务活动本身的组织和提供优质服务。前者是关键，后者是保证，两者相辅相成，才能获得良好的社会声誉和经济效益。

三、康乐中心会员制营销的要求

1. 俱乐部会员制必须有严密合理的制度，即具有私密性。俱乐部会员制作为一种机制，必须要制定书面形式的企业与会员双方认可的制度。它包括入会条件、手续、会员资格、会员权利和义务等。俱乐部会员制的主要特点是把客源限定在某一特定的阶层或范围内。加入

俱乐部的会员，在职业、社会地位等方面都比较接近，会员之间容易交流沟通。会员要有名额限制，一般不得超过定额数发展会员。会员分为金卡会员和银卡会员。

2. 俱乐部能使会员产生归属感，即以服务会员为主。俱乐部会员制能让顾客有一种归属感，让会员享受会员制的各种综合服务项目和会员专属项目。俱乐部会员制为会员提供了高层次的文化消费环境。

首先，为会员营造文化活动氛围。俱乐部在西方是指同一阶层或志同道合者的休闲场所。这种俱乐部具有排他性，是一种身份的象征。非会员必须在会员的陪同下，才能进入俱乐部消费。

其次，为会员提供综合消费场所。俱乐部为会员提供综合性服务，会员可以在康乐场所饮酒、宴请、跳舞、游泳、唱歌、玩牌、健身、射击、按摩，也可以谈生意。边玩边谈，这是人们未来将长期追求的生活方式。

四、康乐中心会员入会要求

实行康乐中心会员制的康乐业对加入康乐中心的人员在入会程序、会员条件和权利、入会手续等方面都有较为严格的规定。这里以某饭店康乐中心为例做一简单介绍。

1. 康乐中心会员入会程序

首先，申请人填写申请表，要说明申请加入的是哪个种类。其次，康乐中心进行调查，确认申请人的入会条件及支付能力；若申请人被批准，将得到承诺书。再次，申请人收到承诺书后 30 天内，按要求将入会款项汇到康乐中心指定银行账户。最后，康乐中心收到钱款后，发放会员资格证。

2. 会员条件

如果申请人的年龄、身份、地位、健康状况等符合要求，支付一定的入会费和年会费后，便可成为会员。入会后，会员要遵守康乐中心各项规章制度，如使用康乐中心设施时出示会员证等。

3. 会员权利

会员权利包括会员在康乐中心拥有的资格和享有的各项权利，如有权参与康乐中心组织策划的各种活动，有权带规定人数的非会员进入康乐中心消费。

资格权：会员有权使用康乐中心提供的所有设施。

优惠权：具有使用各种设施的优先权，会员免费享受某些服务项目，会员可以优惠价格享受某些服务项目。

签字权：会员有权消费后签单，按月与康乐中心结算。

监督权：会员有权随时对康乐中心的工作进行监督。

转让权：会员取得资格 12 个月后，经康乐中心同意，有权转让会员资格。

同等权：会员有权到康乐中心的联网单位或分支机构享受打折优惠。

信息权：康乐中心定期为会员提供特殊服务项目，如定期向会员发送刊物及有关资料等。

会员不具有对康乐中心的所有权，但可享受康乐中心章程所规定的各种权利，如持金卡、银卡的个人可享受被继承权，持金卡者享受分红权等。

4. 应履行的手续

（1）年会费必须在每年 1 月 1 日至 31 日间支付（也可按月支付使用费），不论是否使用康乐中心设施均须支付年会费。

(2) 过期不支付年会费者被视为自动退会，康乐中心将暂停其会员资格，主管人有权取消其会员资格。

(3) 取消会员资格应以书面形式通知会员本人或所在公司。自被取消会员资格之日起，该会员必须付清所有费用。

(4) 个人会员在取得会员资格 12 个月后方可转让会员资格，但要求在付清欠账和转让费后方可转让。转让时必须在本康乐中心办理转让手续，并交纳会员入会费 15%的转让费。法人会员不得转让。

会员制康乐中心的有关规章应在会员入会时以书面形式交与会员阅览，待其同意遵守后签字认可，具有法律效力。

五、建立会员档案以开展有针对性的差异性服务

1. 根据会员档案，定期拜访会员，寄送礼品，并向会员介绍有关康乐中心的最新情况。

2. 建立会员顾问委员会，康乐中心从会员顾问委员会处获得信息，以示对会员的充分重视，还可以通过会员顾问委员会向会员推出康乐中心的产品和服务。

思考与练习

1. 简单介绍顾客康乐消费需求的形态。

2. 康体娱乐项目采用会员制经营方式要注意哪些问题?

第五章

康乐中心员工管理

学习目标

- 能够确定饭店康乐中心员工的岗位与编制。
- 掌握激励原则和学会使用激励方法。
- 了解员工绩效评估的意义，把握绩效评估的标准和过程。

案例引入

最近，两则贴在员工休息室里的通知引起了某饭店康乐中心员工的议论。

第一则：鉴于饭店康乐中心游泳池救生员小雨在工作中勇救溺水顾客，处理得当，表现突出，为康乐中心树立了良好的形象，特此提出表扬，并在下个月增发奖金 1 000 元作为奖励。

第二则：饭店康乐中心游泳池救生员小雨在工作中违反工作守则要求，佩戴项链上岗，以致在下水救顾客的过程中，划伤顾客背部，给顾客身体造成伤害，导致顾客为此投诉。考虑到小雨一向表现良好，故此次仅给予警告处分，扣除下月奖金 500 元。

这两则通知一贴出来，立刻在员工中间引起了轩然大波。大家对此提出了很多不同的看法，而当事人小雨却对此保持沉默。直到康乐中心领导出面解释，才平息了这场风波。

课前思考

1. 你认为案例中康乐中心处理小雨事件的做法是否妥当?
2. 在对康乐中心员工进行管理时要注意哪些问题?

第一节　合理配备员工

合理的岗位设置和人员安排是康乐中心实现效益和效率的基础。康乐中心的岗位应根据经营内容来设置，每个岗位都必须职责明确，这样才能确保康乐中心有效经营。

一、康乐中心员工配备

康乐中心员工的合理配置，一是指满足娱乐经营活动所需要的工作人员的配备，包括管理人员、服务人员；二是指根据娱乐项目分工定岗。每个康乐中心经营的项目是不完全相同的，每个项目对岗位的要求也是各不相同的。即使是同一项目，因服务内容的差异，岗位设置也不可能完全一致，如歌舞厅的主要岗位有迎宾经理、乐队、歌手、演职人员等。夜总会的岗位要比歌舞厅更多一些。休闲保健部门应根据其项目设置岗位。康乐中心定岗是否恰当，不仅对康乐中心的工作效率、服务质量有直接影响，而且对劳动力成本、经营管理成本也有直接影响。

1. 根据康乐项目设岗

根据康乐项目设置岗位，一是能够保证每个项目经营服务的需要，二是岗位针对性较强。每个项目的正常经营都需要包括管理人员、服务人员、专业技能人员在内的共同协作，康乐项目越多，其岗位设置也就越多。

2. 根据服务内容设岗

很多康乐项目因康乐中心自身条件的差异，在提供的服务内容上将会有所区别。如有些饭店的桑拿洗浴中心只提供基本的桑拿、淋浴、搓澡等服务，而有些饭店的桑拿洗浴中心则提供按摩、洗浴单间等服务。服务内容的多少与岗位和人员的多少成正比。

3. 根据服务规格档次设岗

康乐项目服务规格越高，提供的服务越到位，所需服务的人员也就越多。如浴室除提供一般的洗浴服务外，还应有专人为顾客提供调水温、高压水冲、搓背、换毛巾、擦鞋等一系列服务。

二、康乐中心员工编制

康乐中心确定岗位后，还应根据每个岗位的特征来确定其编制。

1. 确定编制的原则

（1）节省人工成本

为了使每个岗位的员工都能最大限度地发挥作用，康乐中心管理者需要科学地安排劳动力，既要避免有事无人做，又要避免有人无事做。

（2）保证服务质量

质量是康乐中心经营的基础，为保证达到服务操作标准，需要确保最低限度的员工数量和基本的岗位安排。

2. 固定工和临时工的使用

康乐中心因经营时间和周期不同，对职工的安排经常分为固定工和临时工。固定工是每个岗位保证经营需要的最基本的员工数量；临时工是康乐中心营业高峰期需临时增加的员工数量。康乐中心多在下午或晚上才进入营业高峰期，这就为安排临时工提供了时间上的条件。在其他行业工作的职员或学生，晚上可以到康乐中心从事临时性的工作。这些工作岗位主要集中在服务一线。

3. 基本岗位和编外人员的使用

康乐中心因其岗位的特殊性，往往需要在某些比较重要的专业岗位上聘用编外人员。首先，这些岗位人员专业技能较高，培养所需要的时间较长。其次，饭店对这些岗位人员的需要具有时间性和季节性。因此，饭店没有必要长期雇用这些岗位人员，而可以作为编外人员，在需要的时候加以雇用。

三、合理配置员工的渠道和程序

1. 合理配置员工的渠道

（1）外部招聘

这是招聘员工的主要途径。康乐中心根据外部招聘计划来确定对员工数量和素质的要求，采用适当的方式进行招聘。可以通过广告媒体进行宣传，使更多的人了解招聘信息，以便给应聘者提供更多的选择机会；同时，这种宣传也能够扩大康乐中心的知名度。可以向有关劳动人事部门、就业服务机构、大专院校、中等职业学校招聘，还可以通过本中心员工推荐适当人选。

（2）内部招聘

这是指对于某些特殊岗位，在康乐中心内部本着双向选择的原则，通过对报名应聘的员工进行考评，对其中具备一定思想素质、技术水平、工作经验和管理能力的应聘者，采用调动和提升的方式，安排他们到相应的岗位工作。

2. 合理配置员工的程序

（1）确定选用人员的基本原则

在工作分析的基础上，根据职务要求，确定具体的招聘标准、工种及人数。

（2）确定候选人的来源和招聘途径

即确定采用内部招聘还是外部招聘，是员工推荐还是广告宣传，是应届毕业生还是其他人员。

（3）填写职位申请书

职位申请书是掌握应聘者情况最常用的方法，可作为决定是否对其进行面试的依据。

（4）初次面试

康乐中心会同人事部的招聘人员与应聘者面对面地交谈，以考查应聘者的仪容、表达能力等条件是否符合康乐中心的初步要求，了解其经历、学历以及对工作待遇、工作环境、工作时间的要求。如果认为初步合格，则需要核查应聘者的有关资料，以便综合判断。

（5）核查应聘资料

为准确了解应聘者，康乐中心应前往应聘者原单位了解其工作态度、人事关系、业务水平等方面的情况，以作为进一步考查的依据。

（6）测试和评估

为了解应聘者的知识和能力水平，应对应聘者进行测试。测试的内容与方式依职务所要求的条件而定，根据测试情况对应聘者做出评估。

（7）再次面试

应聘者被基本确定之后，还可以再做一次面试，了解其个性、抱负、经验、技能、兴趣等，以考查其能否适应工作，有无发展前途。

（8）体格检查

在上报审批之前必须进行体检，因为政府管理机关对康乐从业人员的身体状况有较为严格的要求。同时，从对饭店和员工负责的角度出发，也应该安排体检，以便客观地了解应聘者的身体状况。

（9）审查批准

将应聘者的职位申请书、调查材料、面试记录、健康卡片等材料整理汇总，上报饭店高层管理者审批。

(10) 录用报到

通过最终审批之后，再由人事部门采用适当形式通知应聘者按指定日期报到并签订试聘劳动合同。

上述程序适用于管理较为严格的星级饭店，有些饭店在实际招聘工作中可以适当灵活掌握。

第二节 对员工的激励

康乐中心对员工进行管理的目的是充分调动员工的积极性，最大限度地发掘员工的潜能，实现组织所期望的最佳目标。因此，员工激励是康乐中心员工管理的一项重要内容。

一般情况下，员工受到的激励来自于个体驱动力、他人推动力和环境吸引力三个方面。个体驱动力来源于员工自身强烈的自我发展意识、超前的持续创新理念等；他人推动力来源于家庭的需求、同事的发展、上司的鼓励或下属的威胁，迫使员工压力加大，在今后的工作中变压力为动力；环境吸引力来自外部环境，员工直接接触的物质和人文环境，促使其产生努力工作的动机，并转化为积极的行为以提高工作绩效，实现企业目标。康乐中心管理者要善于根据激励的基本原理，利用员工的内心渴求，激发其动机，调动其积极性，通过这种激励使员工个人努力的方向与组织目标相一致，从而获得最佳的管理效果。

一、激励原则

1. 目标、需要、能力相结合的原则

对员工的激励要从工作目标开始，人们明确了工作目标，才会产生积极向上的行为动机。因此，工作目标的确定十分重要，应当着力实现员工个人目标、员工群体目标和康乐中心整体目标的统一与协调。同时还需要注意，员工的工作能力必须和康乐中心的工作需要或要求相结合；员工的工作报酬必须与员工需要的满足程度相结合。只有将目标、需要和能力有机地结合起来，才能获得良好的激励效果。

2. 物质激励与精神激励相结合的原则

物质激励和精神激励是构成激励的有效手段，管理者应恰当地把握员工当前需要的状况，分析员工的一般需要，探求员工的第一需要，根据员工的需要来有效选择激励的方法。物质需要是人类最基本的需要，是精神需要的基础，满足员工的需要应首先从最基本的物质激励开始，在物质激励的基础上，结合精神激励，并逐渐将激励的重点过渡到精神激励上。

3. 内激励与外激励相结合的原则

内激励侧重于行为前的需要和动机的引导或牵引以及行为中的指导与支持，而外激励则侧重于行为后果（报酬）的兑现以及外部环境的治理。相比之下，内激励较外激励所产生的工作动力更持久，它可以使员工充满兴趣和快乐，激发其自豪感和成就感，发挥其个人最大潜能。因此，康乐中心管理者应坚持以内激励为主、外激励为辅的原则，使员工外有压力，内有动力。

4. 正激励与负激励相结合的原则

正激励和负激励都能够改变员工的行为，并且通过树立榜样和反面典型来形成良好的风气，使组织行为更加积极向上。但是，负激励在实际运用中具有一定的消极作用，容易使员工产生挫折心理和行为，故应慎用。康乐中心管理者应该把正激励与负激励巧妙地结合起来，坚持以正激励为主、负激励为辅的原则。

5. 情感与理性相结合的原则

员工大多数比较通情达理，管理者在激励员工时，应晓之以理、动之以情，坚持理性管理与情感管理相结合、奖惩严明与奖惩适度相结合的原则，否则会造成许多消极后果。

6. 实效性原则

激励要把握好时机，激励在不同的时间进行，其作用和效果是不同的。人们在做出努力、取得成就后，都有渴望得到社会承认的心理。实施激励越及时，越能促进人们积极性的发挥，使积极的行为得到不断强化，令积极性保持长久。如果激励滞后，使人们感到多此一举，就会失去激励意义。如果激励超前，使人们对激励的目标没有足够的认识，则达不到激励的应有功效。所以，及时、正确地把握时机进行激励至关重要。

二、激励方法

1. 目标激励法

目标是指能够满足员工需要的外在物质，被称为“诱因”。目标激励，即康乐中心设立适当的目标，激发员工的动机，达到调动员工积极性的目的。采用目标激励法需注意以下三个方面：

（1）目标制定科学化

康乐中心管理人员要做到目标激励，首先要制定科学适度的康乐中心目标，增加其可衡量性；在对目标进行描述时，要注意与员工个人目标相结合，管理者要对员工做出承诺，为员工提供其认同的有价值的报酬以及及时、公正的绩效反馈方法，使康乐中心目标具有可接受性，让员工对康乐中心目标产生认同感。

（2）目标实施高效化

在实施康乐中心目标时，要为员工提供充足的资源、清除工作障碍，为员工实现目标提供工作便利。在目标实施过程中，将工作目标适度分解为一个个具体的工作任务程序，引导员工将注意力集中在单一的目标任务上，降低工作难度，明确任务责任，减少工作中的摩擦和内耗，保证整体目标的一致性，促使工作目标的实现。

（3）目标完成情况的检查和评价公正化

在对康乐中心目标进行控制的过程中，要采用灵活多样的检查方法，如员工自我检查、员工相互检查、领班检查、主管检查等，严格按照既定的分解目标或标准评价员工的业绩。根据员工的业绩对员工进行奖惩，做出评价后的经验教训总结，以检验康乐中心目标的合理性。

2. 奖惩激励法

奖励是指康乐中心对员工的良好行为举止或工作表现给予的积极肯定与表彰。奖励作为员工激励的一种手段，目的在于促使受奖励的员工将他们的模范行为加以保持和发扬，并成为全体员工的表率，对振奋员工队伍的士气起到积极的推动作用。惩罚是一种负激励，是为了纠正员工工作中的不良行为而采取的一种强制措施。惩罚应用得当，对不良行为能起到很好的震慑作用；应用不当，则会挫伤员工的积极性和主动性，故只能作为一种辅助激励手段。

奖励和惩罚是员工激励的基本形式，但要恰当运用奖励和惩罚，应当注意奖励和惩罚是为实现康乐中心组织目标、调动员工积极性所采取的一种手段，不能把它当做目的来追求，否则就会变成为奖励而奖励、为惩罚而惩罚，成为一种“例行公事”，达不到奖惩的应有效果。此外，对员工进行奖惩必须从组织目标出发，如果仅从个人目标或小团体目标出发进行奖励和惩罚，就会背离组织目标，把奖励变为培植亲信、拉帮结派甚至是少数人侵吞劳动成果的手段，而把惩罚当做排除异己、打击报复、压制民主的手段。因此，在实施奖励或处罚时，需在科学、规范的考核基础上，坚持奖励为主、惩罚为辅的原则，公正地决定奖励、惩罚的问题，只有奖惩适度才能服众，也才能获得激励效果。如果奖励无度，小功大奖，则会助长员工的侥幸心理；大功小奖，则缺乏应有的激励程度。小过重罚，会加重挫折行为；大过轻罚，不足以纠正非期望行为，也达不到调动员工积极性的目的。

在运用奖励激励时，首先，要不断创新奖励方法。新颖、变化多样的刺激比重复、单一的刺激所产生的激励力量更大。其次，奖励要及时。被拖后的奖励往往收效甚微，甚至会招来员工的怨言。对员工的奖励要通过一定的形式使其家庭或朋友分享荣誉，有助于动员社会力量，支持员工忘我工作，勇于献身。适当拉开奖励的档次，避免奖励激励中的平均主义，尽量使奖励与贡献相匹配，使员工感到公正，才能真正使先进者有动力、后进者有压力。最后，要注意对挫折心理的疏导。对于未得到奖励而产生失落感的员工，应及时进行心理疏导，使其树立新的目标，淡化过去，着眼未来。

在运用惩罚激励时，首先要注意不能不教而诛，应把教育放在首位，对屡教不改或造成严重后果者实施惩罚。尽量不伤害被惩罚者的自尊心。惩罚方式要有所选择，防止恶意伤人。要对事不对人，不要掺杂个人恩怨，打击面不可过大，不要对员工的工作予以全面否定。更不能以惩罚代替管理，切记惩罚只是管理的一个环节，不能过于依赖惩罚去推动工作。在进行惩罚激励时，必须要依法办事，坚持原则，执法要严，在严格依照规章制度的前提下，掌握一定的灵活性，达到激励的目的。

3. 竞争压力激励法

竞争是激发员工干劲的有效方法之一。引入竞争机制，开展员工之间、部门之间的竞争、竞赛活动，可使员工感受到外部压力和危机感，部门内部可能变得更加团结，成员之间的一些分歧会搁置一边。通过竞争，还可以从竞争对手那里学到成功的经验或失败的教训，然后变压力为动力，化干戈为玉帛，向更高的目标发起最强劲的“冲刺”。

竞争压力源于行业竞争，行业竞争包括市场份额竞争、销售利润竞争等，这些竞争给企业管理者带来极大的压力，会激励企业管理者不断进取。有时管理者会把竞争带来的危机感传达给员工，以此来激励员工与企业共同发展。每个员工都有获得成功、追求荣誉的愿望，而愿望的实现伴随着种种要求和限制，升迁、加薪、奖励等机会总是有限的，员工之间的竞争不可避免。有的旅游企业设立各种荣誉、奖励机制或利用“末位淘汰制”营造出竞争的文化氛围以激励员工，促使员工在争取荣誉的竞争中提高绩效。

在运用竞争压力激励法时，必须要注意竞争的公平性。现实中的竞争是很多压力的组合，受人为等多方面因素的影响往往存在着不公平性。康乐中心在利用竞争压力激励员工时，要尽量使竞争在公平的规则及操作下运行，否则竞争将流于形式，不能有效地激励大部分员工。在竞争压力中，与工作无关的竞争压力，如来自入学考试、社会就业等方面的压力，往往不能直接提高康乐中心组织效率，在设置竞争压力时，要充分注意与工作的关联度，组织能够提高工作效率与工作质量的竞赛项目，采取相应措施，尽量减少与绩效无关的压力。在确定压力强度时，要注意低于中等水平的压力感有助于员工提高绩效，如果压力感水平过高，或者低水平的压力提供时间较长，都会使绩效降低，应当科学把握竞争压力的强度，设置强度合适的竞争压力。竞争的结果是要能够满足员工需求，形成奖惩激励，如果员工对竞争的结果不感兴趣，就起不到激励员工的作用，员工的需求是员工的动力所在。总之，在使用竞争压力激励法时，必须要有公平、合理的考核办法及薪酬、奖优罚劣等企业制度作保证，为员工提供表现机会，为员工创造理想的竞争环境。

4. 参与激励法

参与激励是指管理者通过一定的制度和形式，让员工参与组织决策、计划的制订、对某些事情的处理及对某些问题的讨论和管理。这是一种重要的激励方式。在康乐中心员工管理中，强调员工当家做主的精神具有特别重要的意义。让员工参与康乐中心管理，能最大限度地激发员工的主人翁精神，让他们在不同层次和不同深度上参与决策，采纳他们的正确意见，全心全意地依靠他们管理好部门。通过参与，可以培养员工的归属感、认同感、责任感、信任感、受尊重感和成就感，推进康乐中心管理的民主化进程。员工参与康乐中心管理常见的形式有康乐中心服务质量督导小组，康乐中心员工参与工作设计，讨论利益分享计划和员工合理化建议制度等。让员工参与康乐中心管理，并不意味着管理人员可以放弃自己的职责。管理人员必须在民主管理的基础上，按照“授权不授责”的原则，努力完成自己的职责。

5. 文化激励法

康乐中心文化是部门内形成的独特文化、价值观、传统、习惯、准则、观念等。西方的管理理论认为，管理的成功不在于规章制度，不在于利润指标，而在于康乐中心文化。这里的“文化”指的是经济意义和文化意义上的混合。它是以康乐中心的价值观念体系为基础，以员工的大众意识为反映，是与物质文明建设相对应的微观上层建筑。它是全体成员共同拥有的价值观念和行为准则，是每个成员的一种精神支柱，体现着管理者的价值观念、思想宗旨和心理活动。文化激励作为一种无形的管理方式，通过创造一种自主管理、积极向上、和谐一致的气氛，使员工以高昂的士气投入康乐中心的各项工作之中，在共同价值观的作用下，员工就会充分发挥自己的积极性、创造性和主动性，自觉地把自己的行为统一到企业要求的方向上来。

6. 榜样激励法

榜样激励法是指管理者选择在实现目标的过程中做法先进、成绩突出的个人或集体，加以肯定和表扬，要求大家向其学习，从而激发团队成员积极性的方法。榜样激励正是通过员工对榜样的模仿和学习，从而引导员工的行为指向康乐中心的期望目标。榜样的力量是无穷的，最典型的是“偶像效应”。采用榜样激励法，可以树立康乐中心内部模范人物形象，号召和引导员工模仿学习。树立和宣传模范人物时，一定要实事求是，切忌过度“拔高”，不要搞成“高、大、全”；也忌不敢“拔高”，使模范人物的光彩淡化，以至于失去号召力、感染力。榜样激励的另一种方法是管理者本人身先士卒、率先垂范，因为管理者的一个模范行为胜过十次动员。

第三节　对员工的督导与绩效评估

一、对员工的督导

督导是指负有一定责任的管理者对其下属的工作实施检查、监督、指导等一系列管理行为。

1. 督导的内容

督导的内容包括仪容仪表、岗位纪律、服务程序、服务规范、服务标准等方面。仪容仪表主要是指服务员的外表，包括容貌、姿态、服饰、风度等。岗位纪律专指服务员当班期间遵守纪律的情况。服务程序包括工作流程和操作规程。服务规范是指较具体的服务模式或样板。服务标准是指对服务行为要求的量化指标。

2. 督导的要求

按照考核要素肯定优点和缺点之后，督导工作的重点应该放在被考核者的工作表现和结果上，而不是人格上。

（1）着眼于未来

首先明确告知督导的目的不是为了追究过去，而是为了改进未来，要让下属体会到绩效考核对某个人职业生涯发展的益处。绩效反馈是就考核结果进行的，但这并不意味着督导的目的是就结果论结果，停留在回顾过去上。督导的重要目的之一是为下一次的绩效计划作铺垫，总结问题是为了发现对未来发展有用的东西。

（2）直接且内容具体

要根据客观的工作资料来督导，使用诸如缺勤、迟到、质量记录、检查报告、产值记录、材料消耗、控制或节减费用、客户评论、事故报告等具体例子。

（3）对事不对人

研究表明，对人直接批评很容易引起其强烈反应。对于工作绩效的考核面谈应就工作绩效本身来进行，而不应对其个人进行攻击。例如，某饭店经理与一名餐饮主管就其本期销售业绩进行面谈时说：“你这一次的销售业绩可不理想啊。你看看这些数据，你的排名是最后一位！”这比“你是全店最差的主管”的说法效果要好得多。

（4）双向沟通

督导是双向沟通的过程，目的是使双方达成一致意见，要达到这个目的需要双方积极沟通与交流，切忌将督导变成对下属的训话。要达到双向沟通的目的，主管人员必须学会倾听，要给下属发言及说明的机会，不要制止下属发言。倾听一方面可以鼓励员工表达自己的观点，有利于发现员工的真实想法；另一方面也可以使主管有机会思考解决问题的办法，有利于有的放矢地回答员工的问题。

（5）突出重点

督导切忌泛泛而谈、不着边际，要对准目标、标准逐一讨论，进行绩效考核并说明考核分数的依据，不要与他人作比较。

(6) 优缺点并重

督导应以鼓励为主，积极肯定下属的优点，同时也指出下属目前的不足之处，客观地向下属提供建设性的改进建议，让下属把重点放在对未来的展望方面，共同制订职业生涯发展规划。

(7) 营造彼此信任的氛围

督导是一个双向沟通的过程，要使沟通顺利进行，达到相互理解和达成共识的目的，就必须营造一种彼此信任的氛围。管理者在建立这种彼此信任的环境时，应占据主导地位。

总而言之，督导不只是为了进行工资和奖金的发放，更多的是为了使员工的绩效得以提高。

二、绩效评估的内容

康乐中心员工绩效评估是指针对康乐中心每个员工所承担的工作，应用各种科学的定性与定量方法，对员工工作的实际效果及其对康乐的价值贡献进行的考核和评价。绩效评估是收集、评价和传递员工在其工作岗位上的工作行为和工作绩效信息的过程，是对员工工作优缺点的一种系统描述。科学的员工绩效评估，既可以掌握员工的劳动态度、工作绩效，也可以帮助员工认识自己的潜在能力，同时为人力资源管理等部门提供制定有关人力资源政策、确定培训计划的依据。

一般来说，员工绩效评估包括五个方面的内容：品德、能力、工作态度、工作业绩和个性适应度。其中，品德主要是指职业道德，包括纪律性、责任感、积极性等；能力是指专业能力，包括专业知识、业务能力、组织管理、开拓创新、人员开发、发展潜力等；工作态度是指出勤情况与奉献精神；工作业绩是对员工工作质量和数量的考评，包括工作方法、成本、服务意识、目标完成度等；个性适应度是指员工的个性、人品、性格、能力与其工作要求及与合作者的协调、适应性。

员工绩效评估通常采用表格的形式进行，见表 5—1。

表 5—1　康乐中心员工绩效评估表

姓名		员工编号		班组		职位	
评估日期	自　年　月　日至　年　月　日						
1	工作守时与考勤	员工是否守时并经常保持出勤，员工是否经常迟到或请病假					
	A	员工保持很好的考勤记录，在考评期限内无迟到或缺席					
	B	员工基本能保持较好的考勤记录，在考评期限内曾有不超过 3 天的缺勤记录					
	C	员工保持正常的考勤记录，在考评期限内偶有迟到并有不超过 4 天的缺勤记录					
	D	员工考勤记录甚差，在考评期限内经常迟到并有不超过 5 天的缺勤记录					
2	仪容仪表	员工是否整洁					
	A	非常注重个人清洁卫生，并经常保持适当的修饰					
	B	通常注意修饰整洁					
	C	偶有不整洁或不适当的修饰					
	D	衣着不整及错误的修饰					

续表

<table>
<tr><td rowspan="5">3</td><td colspan="2">工作知识</td><td>员工对本职工作如何认识，员工是否了解自己所从事工作的一切功能、要求与责任</td></tr>
<tr><td>A</td><td colspan="2">对本职工作各方面有充分认识，极少需要引导</td></tr>
<tr><td>B</td><td colspan="2">对本职工作基本上有足够认识，偶尔需要引导</td></tr>
<tr><td>C</td><td colspan="2">对本职工作某方面缺乏认识，经常需要引导，并需继续培训</td></tr>
<tr><td>D</td><td colspan="2">对本职工作多方面缺乏认识，经常需要引导，并需继续培训</td></tr>
<tr><td rowspan="5">4</td><td colspan="2">工作质量</td><td>员工是否处事谨慎且不易出错</td></tr>
<tr><td>A</td><td colspan="2">工作做得很好，极少出错</td></tr>
<tr><td>B</td><td colspan="2">工作良好，略有不足，极少犯同样的错误</td></tr>
<tr><td>C</td><td colspan="2">工作表现平平，工作要经过审核才能被接受</td></tr>
<tr><td>D</td><td colspan="2">处事十分粗心大意，经常犯同样的错误</td></tr>
<tr><td rowspan="5">5</td><td colspan="2">可信赖程度</td><td>员工是否值得信赖并对委派的工作认真负责</td></tr>
<tr><td>A</td><td colspan="2">非常值得信赖，经常准时按照要求完成指定工作，极少需要督导</td></tr>
<tr><td>B</td><td colspan="2">大多数情况下可以信赖，只是偶尔需要督导</td></tr>
<tr><td>C</td><td colspan="2">在完成工作前需要经常核查</td></tr>
<tr><td>D</td><td colspan="2">不值得信赖，需要经常密切监督</td></tr>
<tr><td rowspan="5">6</td><td colspan="2">进取态度</td><td>员工有无创业精神及善变能力，不经提醒，能否主动承担自己的职责</td></tr>
<tr><td>A</td><td colspan="2">能主动承担工作，善于发挥能力及智慧去完成工作</td></tr>
<tr><td>B</td><td colspan="2">基本上能够主动完成经常性的工作，偶尔会有所疏忽</td></tr>
<tr><td>C</td><td colspan="2">工作中需要提醒才能完成本职工作</td></tr>
<tr><td>D</td><td colspan="2">需要经常催促，不能主动完成工作</td></tr>
<tr><td rowspan="5">7</td><td colspan="2">礼貌与合作态度</td><td>员工对上司、同事及顾客是否谦恭有礼，员工是否乐于与上司、同事及下属协调工作</td></tr>
<tr><td>A</td><td colspan="2">待人接物注重礼貌，经常保持和颜悦色，乐于助人</td></tr>
<tr><td>B</td><td colspan="2">基本上能做到彬彬有礼，乐于与人合作</td></tr>
<tr><td>C</td><td colspan="2">只对喜欢的人有礼貌及愿意分工合作</td></tr>
<tr><td>D</td><td colspan="2">没有礼貌及不愿意分工合作</td></tr>
<tr><td rowspan="5">8</td><td colspan="2">管理能力</td><td>员工是否具有启发下属工作热情与工作目标的能力，员工是否具有指引、监督及对下属提供技术指导的能力</td></tr>
<tr><td>A</td><td colspan="2">能有效激励与引导下属去完成工作</td></tr>
<tr><td>B</td><td colspan="2">基本上能够保持良好的工作环境</td></tr>
<tr><td>C</td><td colspan="2">需要改善个人领导作风，使下属更好地协调工作</td></tr>
<tr><td>D</td><td colspan="2">不能监管下属以使其完成工作</td></tr>
</table>

总评价	适合晋升		降职		予以转正	
	表现满意		表现一般		延长试用期/不录用	

续表

A	是一位工作表现非常好的员工，有一贯卓越的表现
B	是一位工作表现良好的员工，具有能力去完成预期的工作
C	是一位工作表现颇好的员工，在若干方面具备长处，但仍需改进以达到更佳的工作效果
D	是一位工作表现平平的员工，需要继续努力以求取得更佳的工作表现
E	员工需要改善工作表现才能达到基本的工作要求

改进建议（范围和方法）：______

所需培训建议（详细）：______

其他评语：______

考核人签名：______　职务：______　日期：______

下次评估时间：______年____月____日

三、绩效评估的标准

1. 绩效评估标准的要求

康乐中心员工工作绩效评估的标准是以康乐中心对从业人员的职业要求以及各部门、各工种、各岗位对员工的工作要求为依据而制定的。为使考评有效，考评标准必须依据工作本身来建立，每项工作的考评标准只有一套，考评的项目要尽可能具体，最好能用数据表示。按照制定的考评标准，大部分在职员工都可以实现和达到标准要求。制定好的标准要予以公示，要为员工所熟知和认同。制定的标准要有时间限制，应定期对标准进行修订或调整。

2. 绩效评估标准的制定

康乐中心员工工作绩效评估往往容易受评估者的主观意志或感情因素的干扰而发生偏差，为将这种人为干扰降到最低限度，要求在制定评估标准时把重点放在最终结果上，研究哪个测量点最能代表有效的成绩。制定评估标准，应运用定量分析与定性分析相结合的方法，一要合理计量，二要合理加权。合理计量的前提是要明确哪些要素可以模糊计量，哪些要素可以精确计量。

归纳起来，以下指标可以精确计量：一是数量指标，包括管理费用降低多少、销售额上升多少、净利润为多少等；二是百分比指标，包括利润率、周转率、设备完好率等；三是时间，包括目标完成日期、准备时间等。

为有些任务确定评估标准，如能力结构和智力结构等诸要素，因为它们很难用数量指标来确定，可采用分等加权或合理加权的办法来制定评估标准。所谓合理加权，是指按要素的重要程度决定分数或系数的大小。加权可对不同能力而言，如领导能力中的决策能力、分析能力、处事能力、动手能力分别为 4 分、3 分、2 分和 1 分；加权也可对不同岗位、不同工种职位的人员而言，如文字表达能力对文秘来说加权值要高些，而对客房服务人员来说则应相对低些。

四、绩效评估的过程

绩效评估的过程包括考评准备、确定考评标准、员工自我考评、考核总评价、考评反馈、重视运用绩效评估的结果等几个步骤。

1. 考评准备

考评准备工作包括制订绩效评估计划、确定考评人员、准备考评工具、发布考评信息等内容，使考评者和被考评者做好思想准备与工作准备。

2. 确定考评标准

康乐中心员工工作绩效必须与某个固定标准对比才能得出公正的评价。确定康乐中心员工工作绩效考评标准时应注意：

（1）考评标准应与工作要求密切相关，而且应是员工能够影响和控制的。

（2）不能单纯地根据某一单一标准对员工进行考评。

（3）确定员工工作绩效考评标准后，需要寻找能够精确衡量这些标准的方法。

3. 员工自我考评

康乐中心员工自我考评是由员工本人依据考评标准，对自己在某一时期（如一年或一个月）内的工作表现进行自我总结的一种考评方法。康乐中心员工自我考评一般采取填写述职表、自我考评表的形式进行。在西方康乐企业中，自我考评由被考评者对照自己的工作岗位职责说明书的要求进行自我总结。在我国康乐企业中，往往是按照上级组织部门或人力资源部门制定的考评表中的要求进行自我总结和考评。

让员工亲自参加考评，可以使康乐中心员工对考评增强信任感并使其积极性得以发挥。但由于自我考评容易高估自己的绩效，因此，自我考评只适用于员工自我改善绩效，而不适用于加薪、晋升等方面。

4. 考核总评价

考核总评价是审核被考评者自我考评的内容，在对照考评标准，听取被考评者的直属主管、同事、顾客或其他有关考评人员意见的基础上形成的。对考评者的总评价，一般采取填写各类考核表、鉴定表的形式进行。

5. 考评反馈

康乐中心对员工工作绩效进行总的评价后，应将考评结果反馈给被考评者。考评反馈采取考评意见认可和考评面谈两种形式。考评意见认可是指考评者将考评结果反馈给被考评者，由被考评者签字认可。如果被考评者不同意考评意见，可以提出异议，并要求上级主管或人力资源部门予以裁定。考评面谈是指通过考评者和被考评者之间的谈话，将考评意见反馈给被考评者，征求被考评者的意见或看法。考评面谈也要由被考评者签字认可。

对考评结果进行反馈是整个考评过程中非常重要的一个环节，但很多企业的管理部门往往忽视这一环节，使考评失去提高员工绩效和协调员工关系的重要意义。

6. 重视运用绩效评估的结果

绩效评估本身不是目的，而是一种手段，因此应当重视绩效评估结果的运用。绩效考评结果能够为员工薪酬管理以及做出员工奖惩、晋升、调迁、辞退等决策提供依据，并可以为员工培训提供信息。

思考与练习

1. 如何进行员工培训需求分析？

2. 请列举激励常用方法，并分析哪一种员工激励方法更适合刚毕业的学生。

3. 依照员工招聘程序，以小组为单位，尝试编制某康乐企业的招聘计划书，并附说明文字。

第六章

康乐中心服务质量管理

学习目标

- 了解康乐服务质量和优质服务的内涵。
- 掌握服务规程的制定和实施方法。
- 能够运用质量管理分析方法对服务质量进行分析和评价。
- 掌握处理顾客投诉的要领。

案例引入

泰国东方大饭店的商务客户通过顾客意见表向饭店反映问题：这年夏天，天气格外炎热，人们一有空闲，便会不约而同地奔向游泳池。一时间，池内池外，人山人海，顾客在池里一不小心就会碰到别人，十分尴尬，建议增扩游泳池。

饭店高层为此召开了专门会议，专题讨论增扩游泳池的问题。会议刚一开始，全体与会者就达成了共识，即不管付出多大代价，也要增扩游泳池，彻底满足顾客的需要，维护最佳饭店的形象。

在所有方案中，效果最理想而代价最高昂的方案就是拆掉使用不到10年的四号楼，在四号楼原址上修建游泳池。四号楼一共有60间客房，在几乎天天客满的世界一流的饭店里，对于饭店而言，60间客房无疑意味着一笔可观的收入；相比之下，游泳池对住店顾客来说则是免费享用的。

几经讨论，东方大饭店忍痛割爱，毅然做出了舍“客房”而取“泳池”的决定。理由明确简单：最佳饭店的一切都应该是最好的，游泳池当然也应该是最好的——有最好的位置，有足够宽敞的面积，有最豪华的设施和一流的服务。就这样，60间服役不满10年的客房消失了，取而代之的是供住店顾客免费享用的公共游泳池。

课前思考

案例中，在经营利润和服务质量之间，东方大饭店选择了服务质量。在舍弃了利润的同时，东方大饭店获得了更多的顾客。你是如何看待这种辩证关系的？

第一节　康乐中心服务质量概述

一、康乐中心服务质量的含义

现代饭店都非常重视服务质量，希望通过服务质量管理，能够为顾客提供稳定的优质服务，满足顾客的各种需求；提高饭店的知名度和美誉度，招揽客源；使老顾客不断光临，成为饭店的忠诚顾客，最终带来可观的经济效益，从而在竞争中取胜。

对于康乐中心服务质量的理解通常有两种：一种是狭义上的服务质量，即对客服务的质量，它是指纯粹由服务员的劳动所提供的，不包括由饭店提供的实物产品所产生的使用价值；另一种是广义上的康乐中心服务质量，它包含组成康乐中心服务的三要素，即设施设备、实物产品和服务的质量，是一个完整的服务质量概念。

现代管理者所说的服务质量主要是指广义的服务质量。对于康乐中心来说，就是以其拥有的设施设备为依托，为顾客所提供的服务在使用价值上适合和满足顾客物质和精神需要的程度。

康乐中心向顾客提供的服务通常由康乐中心的设施设备、实物产品和劳务服务的使用价值共同组成。从整体上来说，康乐中心所提供的服务具有无形性的特点，但局部上具体服务的使用价值又具有物质性和有形性的特点，因此，康乐中心的服务质量实际上包括有形产品质量和无形产品（服务）质量两个方面。康乐中心的服务质量比一般实物产品的质量要复杂且更难把握。

二、康乐中心服务质量的具体内容

康乐中心的服务是有形产品和无形服务的有机结合，康乐中心的服务质量则是有形产品质量和无形产品（服务）质量的统一。有形产品质量是无形产品（服务）质量的凭借和依托，无形产品（服务）质量是有形产品质量的完善和延伸，两者相辅相成，构成完整的康乐中心服务质量的内容。

康乐中心服务质量通常包含六个要点：

1. 康乐设施设备质量

康乐设施设备质量是指其能够满足顾客一定需要的自然属性和物理属性，如设施设备的功能齐全，便于操作，并且具有本企业特点；设施设备在特定条件下和时间范围内，能够正常运行而不发生故障的可靠程度；设施设备应该装有防止发生事故的各种保护装置，如自动报警、自动断电、自动停止等装置，能够最大限度地保护顾客的安全；同时设施设备的外观必须新颖美观，能够与康乐中心经营环境相吻合，符合时代潮流，与经营环境协调一致。

2. 劳务质量

劳务质量是指饭店所提供服务的使用价值的质量，即无形产品（服务）质量，是饭店服务质量的重要内容，包括礼节礼貌、职业道德、服务态度、服务技能、服务效率、安全状况和卫生。

礼节礼貌是指康乐中心服务人员要具有端庄的仪容仪表、文雅的谈吐、得体的行为举止等。服务员直接面对顾客进行服务的特点，使得礼节礼貌在饭店管理中备受重视，因为它直接关系到顾客满意度，是饭店提供优质服务的基础。

职业道德是指人们在一定的职业活动范围内所遵守的行为规范的总和。在康乐中心员工服务过程中，许多服务是否到位主要取决于员工的事业心和责任感。因此，遵守职业道德也是服务质量的最基本要素之一，它不可避免地影响着服务质量。

服务态度是指康乐中心服务人员在对客服务过程中所体现出来的主观意向和心理状态，其好坏是由服务人员的主动性、创造性、积极性、责任感和素质高低决定的。康乐中心要求服务人员具有“顾客至上”的服务意识，并能够主动、热情、耐心、周到地为顾客提供服务。康乐中心员工服务态度是很多顾客关注的焦点，尤其是当出现问题时，服务态度常常成为解决问题的关键。顾客可以原谅康乐中心的许多过错，但往往不能忍受康乐中心服务人员不负责任的态度。服务态度直接影响康乐中心服务质量。

服务技能是康乐中心提高服务质量的技术保证，是指康乐中心服务人员在不同场合、不同时间，对不同顾客提供服务时，能适应具体情况并灵活恰当地运用操作方法和作业技能以取得最佳的服务效果，从而显现出来的技巧和能力。服务技能的高低取决于服务人员的专业知识和操作技术，要求其掌握丰富的专业知识，具备娴熟的操作技术，并能根据具体情况灵活运用，从而达到给顾客以美感和艺术享受的服务效果。也只有掌握好服务技能，才能使康乐中心服务达到标准，保证康乐中心服务质量。

服务效率是指员工在对客服务过程中对时间和工作节奏的把握。它应根据顾客的实际需要灵活掌握，要求员工在顾客最需要某项服务时即时提供。因此，服务效率并非仅指快速，更强调适时服务。

安全状况是顾客消费时首先会考虑的问题，因此，康乐中心必须保障顾客、员工及康乐中心本身的安全。康乐中心应营造出一种安全的环境氛围，给顾客心理上的安全感。

卫生主要包括康乐中心各区域的清洁卫生、客用品卫生、设施设备的卫生以及员工的个人卫生等。

3. 项目质量

饭店所提供的康乐项目质量包括项目的趣味性、项目的新颖程度、项目的文化品位以及项目的价格水平等。康乐项目质量构成了康乐企业服务的基础。康乐项目质量的高低遵循一定的评价标准，并且顾客能直接感受到康乐项目的质量高低。所以，加强对康乐项目质量的管理是提高康乐服务质量的保证。

4. 环境质量

饭店的环境质量包括饭店的外观质量，如建筑物外观、招牌设计、门面装修等可以反映出企业的风格和档次；康乐企业内部环境质量，主要是通过提供愉快的康乐活动以及舒适的装饰环境，包括灯光色彩、环境设计等来提高顾客满意度。环境质量还包括员工、管理者和顾客三者之间的友好和谐的人际关系。

5. 时效质量

时效质量是指迅速、正确、有效地为顾客提供服务。由于康乐服务、生产和消费同时进行，不可预支，也不可保存，所以抛开时效谈服务质量没有任何意义。在某些情况下，顾客对服务质量在时效方面的需求甚至高于物质和精神方面的需求。

6. 企业整体质量

影响企业整体质量水平的因素有很多，如饭店的等级、企业的规模、所处的环境、各部门之间协调配合的默契程度、康乐项目的数量以及除康乐服务外，所能提供的其他方面服务的数量和质量等。企业整体质量水平对康乐服务质量能够产生较大影响，是评价康乐服务质量的较重要因素。

三、优质服务的内涵

优质服务的关键是顾客对服务的满意度是否达到或超过期望值。

1. 服务的内容与特色和专业与技术

服务是一种特殊产品，是不可储存的、边生产边消费的产品。服务的不同体现在其内容、特色上，不同的服务项目所能提供的服务是不可能相同的。从大的项目看，如餐饮业、运输业、商业和康乐业等，虽然同属于服务行业，但它们在所提供服务的内容与特色等方面有着很大的差异。即使同一行业内的不同项目，其内容与特色也各不相同，如康乐业中的游泳池、卡拉 OK 厅、保龄球馆和电子游艺厅等，它们所提供的服务之间也存在着差异。因此，评估优质服务首先要注意这些服务之间内容与特色的区别。

服务的专业与技术是指顾客能感受到的服务员所提供服务中的专业知识和业务技能。例如保龄球服务员的裁判知识、运动知识和较丰富的相关知识，示范能力、排除机器故障的能力和其他较强的专业技术。这里所说的知识和能力不仅应体现在看得见的服务中，还应体现在看不见的服务中。例如保龄球机器设备的维修和保养，都是在顾客看不见的时间和地点进行的，如果机器设备出现故障的频率高，则会引起顾客的抱怨。

2. 服务态度和服务行为

服务态度是指服务员在对客服务过程中，在言谈举止等方面所表现出来的一种神态。顾客能感知到提供服务的员工是否友好地、自愿地为他们解决问题，并将他们的利益放在首位。顾客需要的态度是热情与诚恳、礼貌与尊重、亲切与友好、谅解与安慰。这些需要的产生是因为顾客是有思想、有感情的人，而人的思想感情是复杂的、发展变化的，而且因人而异。这就要求管理人员和服务员通过细致的观察和分析，运用心理学和统计学的理论方法进行探讨，找出其中的一般规律来指导服务工作。

服务行为是为满足顾客的实际需要而采取的行动，是使顾客满意度达到期望值的主要因素。服务行为的优劣主要体现在服务员是否发扬主动精神和服务规范是否得到落实上。例如，在游泳池或戏水乐园发放更衣柜钥匙的服务员是很郑重地将钥匙递给顾客还是很随意地扔给顾客；当顾客发生溺水事故时，救护员能否及时有效地加以救护。这些服务行为的优劣决定着一个康乐企业的服务档次，也能反映出一名服务员的素质和能力。

3. 可参与性和灵活性

可参与性是指在某些项目进行过程中能否让顾客体验参与的乐趣，在参与中能否得到锻炼和陶冶及参与的程度有多深。大部分康乐项目的参与性都很强，只有参与其中才能体验到项目的魅力，如卡拉 OK 的迅速发展，就是因为它具有极强的参与性。现在社会上很多新兴的康乐项目都突出了参与性，如陶艺馆、布艺馆、烘焙社等都深受人们的欢迎。顾客在参与这些康乐活动时获得的满意度在很大程度上反映出企业的服务质量水平。

康乐服务是一个动态过程，应在服务中体现灵活性。这是因为被服务的顾客之间存在需求差异，顾客消费过程存在着随机性，康乐消费过程中会出现一些突发事件。所以，康乐服务应该随机应变，要求在不损害顾客利益的前提下灵活得体地提供服务，在营业促销、营业时间和服务方式等方面应根据企业经营的项目特点和顾客的消费偏好来自主决定。

4. 可靠性和可信赖度

可靠性和可信赖度是指顾客在消费过程中无论出现已经商定的情况还是意外情况，都相信并依赖服务机构及其员工会在以顾客利益为重的前提下，履行承诺并提供服务。

康乐中心通过管理和宣传，使顾客对企业产生信任感，相信企业的设备质量和员工的服务能力及安全保证体系都是可靠的，这为提高顾客对整体服务质量的满意度奠定了基础。要让顾客相信，无论何时出现任何差错或始料不及的事情，服务提供者都能迅速主动地控制事态，并且能找到新的、让顾客接受的解决方法。

5. 物有所值

只有当顾客对康乐企业提供的服务感到满意时，才会在价格方面认为是物有所值的。对顾客来讲，不能一味地追求绝对的物美价廉，而应该以合理的费用得到满意的产品和服务。对于企业来说，经营的根本目的在于赢利，因此不可能也不应该一味地靠增加成本以求物美，也不能一味地压价竞销而降低服务质量。

第二节　康乐中心服务规程的制定和实施

在康乐中心服务质量管理过程中，通常是通过对服务标准和规程的制定和实施，并运用各种管理原则和方法，达到服务质量标准化、服务形式规范化和服务过程程序化，最终以优质服务赢得顾客。康乐中心服务规程是康乐中心进行质量管理的依据和基础，是康乐中心根据各自等级而制定出的符合本康乐中心实际情况的管理制度和作业标准。

一、康乐中心服务规程的含义

康乐中心服务规程是以描述性语言对康乐中心某一特定的服务过程所包含的作业内容和顺序及该服务过程应达到的某种规格和标准所做的详细而具体的规定。简单地说，它是指某一特定服务过程的规范化程序和标准。

康乐中心服务规程通常包含四个要点：

1. 服务规程的对象和范围

服务规程以康乐中心某一特定的服务过程、服务内容为对象，只要康乐中心有一个服务过程，那么必定有一套与之相适应的服务规程。通常把某一特定的服务内容从开始到结束称为一个服务过程。服务规程既然是以服务过程为依据，那么就对服务规程的范围做了限定。

2. 服务规程的内容和程序

服务规程要规定每个服务过程所应包括的内容和作业程序。服务内容应包括其业务内容本身，如按摩室为顾客提供的登记服务就包括接受预订、办理登记、安排按摩师和领取按摩用品等内容。服务规程还要具体规定内容细节，如动作、语言、姿态、手续、信息传递、用品、权限、时限和例外事件处理等。

3. 服务的规格和标准

不同饭店的康乐中心有不同的规格，不管哪一规格的服务都有标准。服务规程就是要规定服务的规格和标准，要按照服务质量的具体构成内容确定具体标准。

4. 服务规程的衔接和系统性

每套服务规程的首尾都要有与其他规程互相衔接、互相连贯的内容，如健身房申报维修规程与工程部维修规程的衔接，顾客在歌舞厅消费结账规程与总台收银结账规程的衔接。规程间的相互衔接和连贯，形成了服务的系统性和部门之间的互补性。

二、康乐中心服务规程的制定

1. 康乐中心服务规程制定的依据

康乐中心服务规程直接影响和决定着康乐中心服务质量的优劣，所以必须建立在科学合理的基础上，以确保真正满足顾客的需要。因此，制定康乐中心服务规程必须考虑以下因素：

（1）《旅游饭店星级的划分与评定》标准

《旅游饭店星级的划分与评定》标准是为了适应中国旅游饭店业发展的需要，增强饭店星级评定与复核工作的规范性和科学性而制定的标准，星级评定标准是制定康乐中心服务规程的基础，它提出了饭店服务的基本原则和基本要求，并规定了相关服务质量保证体系。

（2）客源市场需求

只有提供顾客需要的服务才有可能让顾客满意，康乐中心服务规程的制定也应以顾客的需求为依据，能够适应特定客源市场的要求。因此，康乐中心在制定服务规程前，必须对市场需求进行详细的调查和分析，寻找顾客真正需要的服务和对服务的要求，使所制定的康乐中心服务规程真正成为康乐中心服务质量的保证。

（3）康乐中心的特点

康乐中心服务规程的制定还要结合康乐中心的特点，如客源特点、康乐中心业务特点、员工素质特点以及周围竞争环境特点等，做到扬长避短，最终能够突出特色。康乐中心的特色也是赢得忠诚顾客的有效方法。

2. 康乐中心服务规程的制定步骤

（1）提出目标和要求

由康乐中心决策层管理人员对康乐中心主营项目进行深入的分析研究后，提出本部门服务规程应达到的目标和具体要求，并将其布置落实到康乐中心每一相关服务项目和工作环节中。

（2）编制服务规程草案

部门管理者召集下属主管、领班和资深服务人员讨论确定本部门的所有服务内容和服务过程，并拟订出每一服务过程的规程草案。具体内容应包括：确定该服务过程的主要环节；提出每一环节的具体要求，如仪容仪表、站立姿势、行走路线、说话方式、操作内容、操作顺序及应达到的规格标准等具体细节；规定每一环节之间的衔接内容，以免脱节而造成质量问题等。

（3）修改服务规程草案

草案出台后，首先应交该服务过程所在班组全体员工讨论，修改其中不合理、不可行、不必要或不符合标准和要求的部分，使其更具可操作性。其次在小范围内试行规程草案，在实践中进行修改，删除不现实的部分，补充应有的内容，使其更具可行性。最后将规程草案交康乐中心管理层审定。

(4) 完善服务规程

随着康乐中心等级的提高、顾客需求的变化以及康乐服务业的发展，康乐中心的服务规程也应随时调整、定期修订，使之不断趋于完善并更加适用。

三、康乐中心服务规程的实施

制定科学合理的康乐中心服务规程非常重要，但更为重要的是康乐中心服务规程的实施。只有切实实施服务规程，才能保持并不断提高康乐中心服务质量，否则服务规程不过是一纸空文。康乐中心服务规程的实施过程通常为：

1. 加强服务质量意识教育

通过质量教育，帮助员工树立服务质量意识，使员工认识到服务质量对康乐中心及其本人的重要性，从而增强员工执行服务规程的主动性和自觉性。

2. 加强服务规程作业培训

若要员工自觉执行服务规程，首先要让员工掌握服务规程。通过服务规程作业培训，可使员工了解服务规程的适用对象和范围，熟练掌握服务规程的内容和要求，从而提高员工执行服务规程的规范性和准确性，提高康乐中心服务质量。

服务规程作业培训可以分期分批进行，但必须保证康乐中心所有员工都经过培训，而且培训后必须进行考核，考核合格者才能上岗。对不合格者可视考核情况采取限期提高、待岗或调离岗位等措施，以维护服务规程的严肃性和服务质量的稳定性。

3. 加强服务规程执行过程的督导

康乐中心管理者应对所管辖范围内员工执行服务规程情况进行认真、严格的监督、检查和指导，以通过服务质量信息系统和原始记录了解规程执行情况为主，以通过现场巡视检查及时发现存在的质量问题并及时加以纠正为辅，使员工养成实施服务规程的良好意识和习惯。同时，康乐中心管理者还应经常进行服务质量的对比与评价，并根据实际情况制定出有效的奖惩措施，从而调动员工执行服务规程的积极性。

另外，康乐中心还应制定内容明确的设施设备质量标准、服务环境质量标准、菜点酒水质量标准、客用品质量标准、人员素质标准和语言动作标准等，并要求康乐中心员工不折不扣地遵照执行，使之成为康乐中心服务质量控制的依据。

第三节 控制康乐中心服务质量

只有采取有效的服务质量控制方法，才能真正提高康乐中心的服务质量，为顾客提供周到的服务，使饭店取得良好的经济效益和社会效益。

一、全面质量管理

全面质量管理起源于20世纪60年代的美国，首先在工业企业中应用，后推广到服务性行业，取得了良好的效果。全面质量管理理念的核心是一个组织以质量为中心，以全员参与为基础，以顾客满意和本组织所有成员及社会受益而达到长期成功为目的。在全面质量管理中，质量这个概念与全部管理目标的实现有关。我国于1978年引入了全面质量管理方法，并开始在工业企业中推行，后将其引入商业、饭店业等服务性行业，现已在各行各业得到广泛的应用，并取得了一定成效。

1. 康乐中心全面质量管理的含义

康乐中心全面质量管理是指康乐中心为保证和提高服务质量，组织康乐中心全体员工共同参与，综合运用现代管理科学，控制影响服务质量的全过程和各因素，全面满足顾客需求的系统管理活动。它要求以系统观念为出发点，通过提供全过程的优质服务，达到提高康乐中心服务质量的目的。

2. 康乐中心全面质量管理的特点

康乐中心全面质量管理的特点可归纳为以下四个方面：

（1）全方位的管理

康乐中心服务质量不仅包括有形产品质量，还包括无形产品（服务）质量，渗透在服务工作的各个方面。全面质量管理就是针对康乐中心服务质量全面性的特点，对所有服务质量的内容进行管理，即全方位的管理，而不是只关注局部的质量管理。

（2）全过程的管理

康乐中心服务质量以服务效果为最终评价标准，所以影响服务质量的因素是全方位的，既有服务前的组织准备，也有服务中的对客服务，还有服务后的妥善处理，这三者构成一个不可分割的完整过程。康乐中心服务质量管理正是对此过程的管理，形成了全面质量管理有别于传统质量管理的两个观念：其一是服务质量管理的重点从事后把关转变为事先预防，以预防为主；其二是在康乐中心内部强调工作的下一个环节就是本环节的顾客，是本环节服务的对象，必须对下一个环节负责，以确保康乐中心服务过程中的每一个环节都符合康乐中心质量管理的要求，即全过程的管理。

（3）全员参与的管理

康乐中心服务基本上是通过员工的手工劳动来完成的，因此，康乐中心每一位员工及其工作都与服务质量密切相关。此外，康乐中心所提供的优质服务不仅是前台员工努力工作的结果，而且也需要后台员工的配合才能得到保障。所以，全面质量管理要求全体员工都参加质量管理工作，并把每一位员工的工作有机地结合起来，从而保证康乐中心的服务质量。

（4）方法多种多样的管理

康乐中心服务质量涉及很多方面，且影响质量的因素复杂多样。要想全面系统地控制这些因素，使顾客满意，就必须针对具体情况采取灵活多样的管理方法。因此，康乐中心全面质量管理的特点要求康乐中心管理者能够灵活运用各种现代管理方法来提高服务质量。

二、康乐中心服务质量分析

进行康乐中心服务质量分析，可以帮助康乐中心管理者找出存在的质量问题及产生的原因，从而采取有针对性地解决问题的措施和方法，以确保同类质量问题不再出现。康乐中心在对服务质量进行分析时，常采用圆形分析图、因果分析图以及 PDCA 管理循环等方法。

1. 圆形分析图

圆形分析图是通过显示服务质量信息中有关数据的构成比例，来揭示康乐中心服务工作中存在的质量问题，进而采取改进方法，如图 6—1 所示。

采用圆形分析图法分析服务质量的步骤如下：

（1）收集质量问题信息

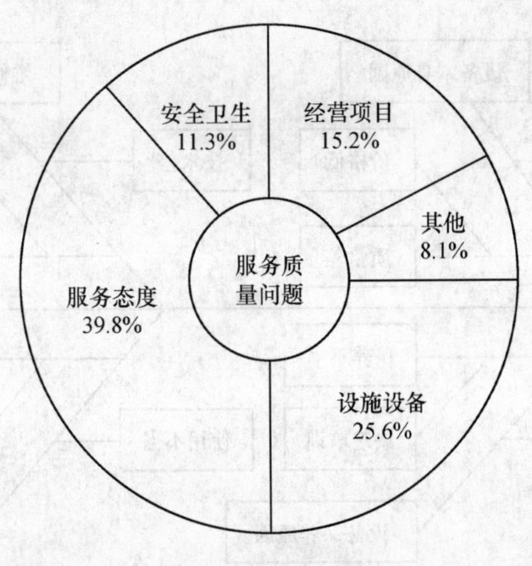

图 6—1　圆形分析图

康乐中心管理者应通过归纳统计各种原始记录、质量信息报表、质量检查结果、顾客意见调查表、顾客投诉处理记录、质量考核表的方式，多方收集康乐中心现存的质量问题。

（2）汇总、分类和处理质量问题数据信息

对收集到的质量问题信息进行汇总，并根据不同的内容将其分类，然后计算每类质量问题的构成比例。

（3）绘制圆形分析图

通过绘制圆形分析图可一目了然地掌握康乐中心存在的服务质量问题及其在所有问题中所占的比例。

2. 因果分析图

因果分析图又称鱼刺图、树枝图，是分析质量问题产生原因的一种有效工具。图 6—2 所示为康乐中心某一质量问题的因果分析图。在康乐中心管理过程中，影响服务质量的因素错综复杂。通过因果分析图，可对存在的质量问题及其产生原因进行系统的整理分析，并以图示的形式直观地表示两者之间的因果关系。其分析过程如下：

（1）用圆形分析图找出现存的质量问题。

（2）通过讨论分析找出产生问题的各种原因，应从大到小、从粗到细地追根究源，直到能采取具体措施为止。

（3）罗列找出的各种原因，按其因果关系绘制因果分析图。

3. PDCA 管理循环

PDCA 管理循环又称戴明环，是由美国质量管理专家戴明博士提出的。PDCA 即计划（Plan）、实施（Do）、检查（Check）、处理（Action）四个单词的英文首字母缩写。PDCA 管理循环是指按计划、实施、检查、处理这四个阶段进行管理工作，并循环不止地进行下去的一种科学管理方法，如图 6—3 所示。

（1）计划阶段（Plan）

计划阶段主要是指管理方针和管理目标的确定以及活动计划的制订阶段。首先分析服务质量现状，用圆形分析图找出存在的质量问题。其次用因果分析图分析产生质量问题的主要

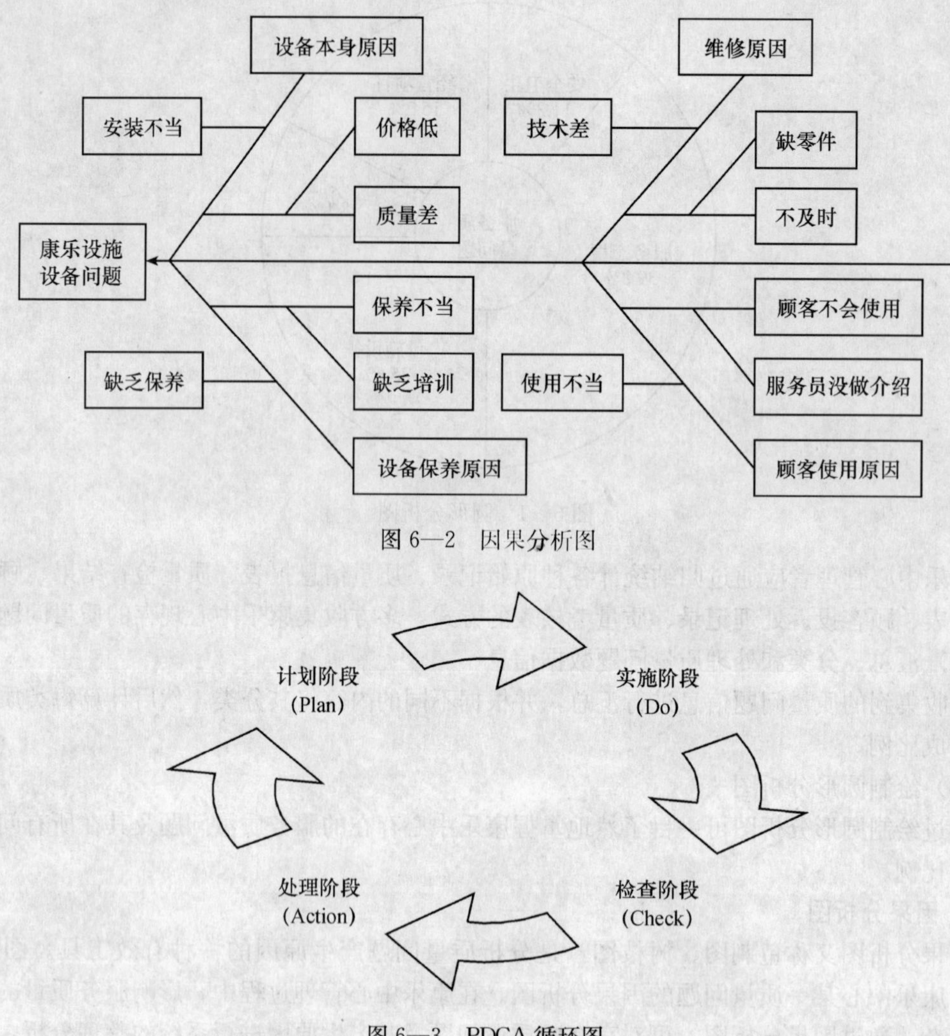

图 6—2 因果分析图

图 6—3 PDCA 循环图

原因和次要原因。最后提出解决质量问题的质量管理计划，即应达到的目标及实现目标的措施方法。

(2) 实施阶段（Do）

实施阶段就是康乐中心管理者具体运作、实现计划目标的阶段。一般通过组织有关部门或班组以及员工具体实施质量管理计划所规定的目标来完成。

(3) 检查阶段（Check）

在检查阶段，康乐中心管理者要总结执行计划的结果，明确效果，找出问题，并与计划目标进行对比分析，看是否存在质量差异，是正偏差还是负偏差。

(4) 处理阶段（Action）

康乐中心管理者对总结检查的结果进行处理，成功的经验加以肯定，并予以标准化，或制定作业指导书，便于以后工作时遵照执行；对于失败的教训也要总结，以免重蹈覆辙。对于没有解决的问题，应交给下一个 PDCA 循环去解决。

三、现场巡视管理

康乐中心员工手工劳动的特点以及顾客需求的不断变化，使得康乐中心服务质量管理难度加大。不同的康乐中心员工或同一员工在不同时间、不同场合的劳动或多或少存在差异，顾客差异造成的需求变化也要求员工在短时间内适应并给予满足。但对于因员工差异造成的不同处理，顾客满意度也存在差异。这就形成康乐中心服务质量不稳定和难以控制的特点。康乐中心管理者通过现场巡视管理，可以检查员工准备工作，监督指导对客服务（或后台供应）质量标准的执行情况，指导和激励下属员工的工作，事先消除质量隐患，预防质量问题的发生，并及时处理质量问题，最终使得康乐中心质量相对稳定。

通常，不同的康乐中心管理者各有其不同的巡视管理范围。管理者在现场巡视中，首先应随时倾听顾客的意见和要求，给予反馈，并应注意听取员工的意见和建议。其次，在现场巡视过程中发现员工工作不符合质量要求时，如违反服务规程，应及时指出并加以纠正，但应注意方式方法。最后，管理者在巡视过程中一定要严格执行服务质量管理标准，追求服务质量的完美。

四、评价康乐中心服务质量管理效果

康乐中心开展的服务质量管理活动以及所采取的质量管理方法，目的都是为了提高服务质量和顾客满意度，最终赢得忠诚顾客。但能否达到这一最终效果或达到程度如何，还需要进行科学的效果评价。服务质量管理效果评价的内容既包括服务质量管理标准的执行程度，即康乐中心各部门、各环节、各岗位员工的工作是否符合质量管理标准和服务规程的要求；也包括顾客的物质和心理满足程度，即顾客对康乐中心服务质量的满意率是否符合康乐中心星级标准的要求，如员工的素质高低、设施的配套程度、设备的舒适程度、实物产品的适用程度及服务环境的美化程度等。服务质量管理效果的评估主要包括顾客评价、自我组织评价和第三方评价。

1. 顾客评价

顾客评价直接指向服务对象，体现了以“顾客为中心”的服务宗旨，因而获得普遍的欢迎。但顾客服务质量评价标准中的期望服务指标、感知服务指标以及服务质量的可靠性、响应性、保证性、移情性、有形性等指标涉及许多主观心理因素，因此较难确定，这使其带有浓厚的主观性、模糊性、差异性以及不公平性色彩。顾客评价的形式有以下几种：

（1）顾客意见调查表

顾客意见调查表是一种广泛采用的顾客评价方式。具体做法是先设计好有关服务质量具体问题的意见征求表格，将其放置于顾客易见易取的地方，或由当班服务员呈送给顾客，由顾客自行填写。意见调查表回收后，由部门负责人进行统计分析，及时发现工作中的失误。这种评价方式涉及范围广，客观性较强。

（2）电话访问

电话访问可以单独使用，通常会结合销售电话同时使用。访问时可以根据固定的问题来提问，也可以没有固定问题，在与顾客的沟通中敏锐地发现顾客的意见，进而改进服务。

（3）现场访问

现场访问又称突击访问，做法是抓住与顾客会面的短暂时机，如对 VIP 顾客的现场访问、对消费大户的现场访问等，以获取顾客对康乐中心服务的看法与评价。

(4) 小组座谈

小组座谈是指康乐中心邀请部分有代表性的顾客，就服务质量、经营促销等方面的问题征询意见、探讨与座谈。小组座谈常结合饭店的其他公关活动同时进行，在活动结束后向被邀请的顾客赠送礼物或纪念品。

(5) 常客拜访

在康乐项目的顾客群中，常客是最具挖掘价值的目标群体。康乐中心管理者要把常客作为主要目标进行专程拜访，显示对常客的重视与关心，把这部分顾客牢牢地掌握在手中。

2. 自我组织评价

康乐中心是康乐服务的提供者，有义务对其所提供的服务进行考查与评判，尽量减少提供不合格的服务。其评价形式如下：

(1) 饭店统一评价

饭店统一评价由饭店服务质量最高管理机关定期或不定期组织实施，督促经营部门重视服务质量管理工作。在采取这种形式时，要注意康乐中心与其他经营部门的服务差异性；进行评价时，注意前台服务质量和后台工作的均衡性；对于提供服务不达标的当事人和管理者，要依照饭店有关管理条例做出处理。

(2) 部门自评

部门自评就是按照饭店服务质量的统一标准，康乐中心对自身的考核与评价。部门自评大致可分为饭店级、部门级和班组、岗位级三个层次，是建立在饭店统一服务质量标准基础上的。康乐中心管理人员要正确对待部门自评，不能流于形式，要本着发现问题、解决问题、提高质量的工作思路参与组织服务质量的部门自评工作。饭店服务质量管理机构应对部门自评结果进行考核与监督，对评价结果进行判断分析，协助康乐中心寻找原因并加以解决。

(3) 聘请行业专家等社会人士进行考评

企业内部考评固然重要，但会受到自身认知的限制，产生认知障碍，不能很好地纠偏，影响服务质量的提高。聘请行业专家等社会人士协助康乐中心进行自我服务质量体系评价，对服务程序、服务质量的细节管理都具有很好的实际意义。

(4) 随时随地评价

随时随地评价由部门管理者、饭店管理者在走动式管理中行使自己的管理职权，对康乐中心的服务质量进行考评，对在这一过程中发现的每一个问题随时指出、及时纠正。

(5) 专项质评

专项质评是指康乐中心针对自己的优势服务项目或在特定时间内开展专项质评，并以服务承诺或服务保证的方式向顾客展示质评后的服务效果。康乐中心通常会对服务基本质量保证、服务时限、服务附加值、服务满意度等做出承诺，并通过制定更高的服务质量标准、较高的服务质量补偿金、简化顾客申诉程序等措施来贯彻服务质量承诺。

3. 第三方评价

第三方是独立于服务供应方和需求方的评价主体，是从“旁观者”的角度利用各项标准来评价服务质量。这种评价方式较为客观、公正，其评价结果较能让大众信服。康乐中心常结合饭店组织开展的第三方评价活动来完成部门的质量评估。

第三方评价形式有：

（1）资格认定

为了督促饭店经营者提供符合国家标准和满足顾客消费需求的高水平服务，国家对饭店的经营资格和从业人员的执业资格进行认定，如饭店的涉外经营资格、救生员的执业资格等。

（2）质量体系认证

质量体系认证是指由可以充分信任的第三方证实某一鉴定的产品或服务符合特定标准或其他技术规范的活动。它既是使质量活动得以切实落实的基础，又是有计划、有步骤地对质量活动按重要性顺序进行改善的基础。开展质量体系认证活动，对内可以强化管理，提高人员素质和企业文化水平，对外可以提升企业形象和扩大市场份额。

（3）行业组织、社团组织、报纸杂志的评比认定

这是利用饭店行业组织、社团组织、民意调查、市场研究公司、报纸杂志等对饭店各部门服务质量进行评价的方式。例如，中国旅游饭店业协会颁发的“中国饭店金星奖”等。

第四节　妥善处理顾客投诉

顾客对服务的需求是多种多样、千差万别的，不管康乐服务的档次有多高，康乐设施设备有多先进完善，都不可能百分之百地使顾客满意。因此，顾客的投诉是不可能完全避免的。顾客不满，可能找经理投诉，也可能找服务人员投诉。遇到投诉并不可怕，关键是善于把投诉的消极面转化成积极面，通过处理投诉来促使自己不断提高服务质量，以防投诉的再次发生。

一、弄清顾客投诉产生的原因

为了妥善处理投诉，首先要弄清楚顾客投诉的原因。顾客投诉的原因一般有以下几个方面：

1. 对服务态度的投诉

主要是反映服务人员在对客服务过程中态度不佳，具体表现为接待过程中待客不主动、语言生硬、态度冷漠和敷衍顾客等。

2. 对服务质量的投诉

主要反映服务人员违反操作规程，服务效率达不到要求，如递送毛巾不及时、结账不及时、一些服务疏漏等。减少此类投诉的方法是：增强服务人员的服务意识，加强有关处理对客关系的培训，强化服务人员的服务技能，提高饭店的管理水平。

3. 对设施设备的投诉

主要是由于饭店的设施设备未能满足顾客的需求，如戏水乐园的更衣柜门突然锁不上，或桑拿房温度提升过慢，或空调、照明、供水、供暖、供电、电梯等设备的运转和使用出现问题。处理这类投诉时，应立即通知工程部派人实地查看，视具体情况采取相应的措施。同时，还应在问题解决后再次与顾客联系，以示对顾客的尊重。

4. 对卫生条件的投诉

消费者对康乐场所的卫生要求越来越高，而在经营旺季，部分服务人员常常忽视卫生工

作，从而导致顾客投诉。例如，游泳池水质混浊、按摩床上的垫布不能做到一客一换等，会使顾客感到不悦。管理者在培训时就应针对卫生问题对员工提出严格要求，杜绝此类投诉的发生。

5. 对异常事件的投诉

饭店以外的原因往往会引发对异常事件的投诉。例如，顾客要求预订 KTV 包房未得到满足，使顾客觉得饭店言而无信。这类投诉所涉及的问题是饭店难以控制的，但顾客却希望饭店能够帮助解决。处理此类投诉，应想方设法在力所能及的范围内加以解决，若确实无能为力，应尽量向顾客解释，取得顾客的谅解。

二、做好接待投诉的心理准备

接待投诉顾客具有挑战性。康乐中心经理以及服务人员应随时做好准备，接受顾客的投诉。

1. 态度积极

投诉是一件不愉快的事情，但投诉也有其积极的一面。对于顾客的投诉，饭店应持欢迎和重视的态度，将其视为对客服务的一次有利机会。

2. 树立“顾客总是正确的”信念

顾客投诉反映出饭店的服务和管理存在问题。在某些情况下，顾客的言谈举止有些过分时，饭店也应做到“即使顾客错了，也要把‘对’让给顾客”，尽量减少饭店与顾客之间的对抗情绪，并最终达到解决问题的目的。

3. 掌握顾客投诉的心态

顾客投诉是由于不满或一时的气愤所采取的行动，常常表现出“求尊重、求补偿、求发泄”的心态。因此，服务员在受理顾客投诉时，要给顾客适当发泄的机会，以示对顾客的尊重和理解。

4. 坚持不扩大事态的原则

顾客投诉的动机绝大部分是善意的，一方面是为了促使饭店改进工作，另一方面是为了得到某种形式的补偿。只有极少数人不怀好意。投诉的形式各不相同，有委婉的，有平和的，也有言辞激烈的，甚至有威胁谩骂的。但是不管什么样的投诉，一个重要的处理原则是不扩大事态，不激化矛盾。

5. 依照国家有关法规和本企业有关规定处理投诉

必须以事实为依据，以有关法规为准绳，有理、有利、有节地进行。饭店的经营宗旨是为顾客提供优质的服务产品，并在平等交易的过程中得到相应的经济利益；服务员是受饭店委派而直接提供服务的操作者；顾客则是用金钱购买服务产品的消费者。三者围绕服务产品发生关系。在具体处理投诉时，应该了解事实，依据有关规定合法合理地进行，要兼顾饭店、顾客、服务员三者的利益。

三、真心实意听取顾客投诉意见

倾听是一种有效的沟通方式，对待任何一位顾客的投诉，不管是鸡毛蒜皮的小事，还是较为棘手的复杂事件，作为接待人员都要保持镇定、冷静，认真倾听顾客的意见，要表现出对对方的高度礼貌与尊重。接到顾客投诉时，要用真诚、友好、谦和的态度，全神贯注地聆听，保持平静，虚心接受，不要打断顾客，更不能反驳与辩解。

1. 保持冷静的态度，设法使顾客消气

处理投诉只有在心平气和的状态下才能顺利地解决问题。因此，在接待投诉顾客时，要冷静、理智，先礼貌地请顾客坐下，然后倒一杯水请他慢慢讲。此时，重要的是让顾客觉得你很在乎他的投诉，不要急于辩解，否则会被认为是对他的指责和不尊重。另外，工作人员要与顾客保持目光接触，身体正面朝向顾客以示尊重。先请顾客把话说完，再适当提一些问题，以求了解详细情况。说话时要注意语音、语调和语气。

2. 同情和理解顾客

当顾客前来投诉时，工作人员应当把自己视为饭店的代表而热情接待，欢迎他们的投诉，尊重他们的意见，并同情他们，以诚恳的态度向顾客表示歉意，注意不要伤害顾客的自尊心。对顾客表示同情，会使顾客感到你和他站在一起，从而减少对抗情绪，有利于问题的解决。例如，工作人员可以这样说："这位先生（女士），我很理解您的心情，要是我可能会更气愤。"

3. 对顾客的投诉真诚致谢

尽管顾客投诉有利于改进饭店服务工作，但由于投诉者的素质水平、投诉方式不同，有些投诉难免会使接待者不快。假设顾客遇到不满意的服务，他不告诉饭店，而是讲给其他顾客或朋友听，这样就会影响饭店的声誉。所以，当顾客进行投诉时，饭店不仅要真诚地表示欢迎，而且还要感谢顾客。

在认真听取顾客投诉的同时，要认真做好记录。记录项目包括顾客投诉的内容、时间和顾客的姓名等。做投诉记录，一方面表示饭店对顾客投诉的重视，另一方面也是饭店处理问题的原始依据。尤其是顾客投诉的要点，讲到的一些细节要记录清楚，并适时复述，以缓和顾客的情绪。这不仅是快速处理投诉的依据，也为以后服务工作的改进作铺垫。

四、用恰当的方法处理顾客投诉

对于具体的投诉意见，应在了解事实的基础上具体分析，然后采取有针对性的措施，这是处理投诉的有效方法。下面对几种有代表性的投诉意见分别加以探讨。

1. 对于建设性意见的处理

有的饭店游泳池上午不开放，一些有晨练习惯的顾客建议游泳池从早晨就开放；有的综合康乐场所的戏水乐园分场次开放，一部分顾客建议连续开放，计时收费；有的顾客建议增加服务项目。对于这类意见，应先向顾客表示感谢，并对给顾客带来的不便表示歉意，然后将他们的意见如实反映给管理者。对于能够马上改进的，要尽快答复顾客。

2. 对于希望得到尊重的投诉的处理

这类投诉的顾客大多自尊心比较强，当他们感到自己的面子受到伤害时，就会提起投诉，有时还是情绪激动、言辞激烈的投诉。在这种情况下，应该先向顾客道歉。如果是经理处理问题，应由经理代表饭店向顾客致歉，以提高顾客身价，让顾客得到心理满足。如果遇到顾客与服务员发生争执，而顾客又不全在理时，也应由服务员或管理人员向顾客致歉，给错了的顾客一个台阶，给吵闹的顾客一点面子，给并无恶意的顾客一些体谅，给道歉的顾客一份安慰。

3. 对于要求得到补偿的投诉的处理

有些顾客投诉除了要求在精神方面得到安慰外，还要求得到物质补偿。这可能是因为顾客由于某种事故遭受了直接经济损失，例如在淋浴时被热水烫伤等。在处理这类投诉时，可根据实际情况和责任大小对顾客做出适当的经济补偿，如赠游泳票、赠游戏币、赠保龄球局数、赠适当数额的内部消费单、报销医药费和出租车费等。如果情况严重，则应逐级向上报告，由饭店领导出面解决。需要注意的是，在处理此类投诉时，必须由管理层出面，服务员无权决定。因此，首先受理此类投诉的服务员应该在安慰顾客的同时尽快向上级报告。

4. 对于极不理智或恶意违反规定的顾客投诉的处理

对于康乐中心制定的有关规定，个别顾客往往不予遵守，甚至无理取闹。例如，酗酒者无票闯入游泳池，在游艺厅无奖券索要礼品，故意将烟头扔在地毯上等。当服务员制止顾客的违规行为时，有的顾客借口投诉而要把事情闹大。这类投诉所占比例很小，但处理起来却很麻烦，要十分谨慎地应对极不理智的顾客的投诉或怀有恶意的投诉，在处理时要依据法律法规和有关规定，通过摆事实、讲道理的方法，有理、有利、有节地解决问题。必要时，可请安保部门介入，并可根据实际情况适时通知公安部门，取得公安部门的支持，以维护饭店正常的营业秩序。

五、及时采取补救或补偿措施

顾客投诉最终是为了解决问题，因此对于顾客提起的投诉不要推卸责任，而应区别不同情况，积极想办法加以解决，在征得顾客同意后恰当地给予处理。为了避免处理投诉时自己陷入被动局面，不要把话说死，一定要给自己留有余地，也不要随便向顾客做出自己权限之外的某种承诺。解决问题的人共同检查问题是否已得到解决。当得知问题确实已得到解决时，还应询问顾客是否满意。如果顾客不满意，还要采取额外措施加以解决。投诉发生时，视顾客在场与否，分为以下三种情况：

1. 顾客尚未离开饭店，而且发生的问题比较简单，确属店方责任，服务员及主管或经理要当面向顾客道歉，并给予一定的补偿，达到让顾客满意的目的。

2. 虽然顾客尚未离开饭店，但发生的问题暂时不能立刻做出处理决定，遇到这种情况时，一定要让顾客了解问题解决的进展程度，取得顾客的谅解，这样可以避免顾客产生其他误会。

3. 顾客已经离开饭店，店方要想方设法同顾客取得联系，采取补救措施挽回影响。如果无法同顾客取得联系，服务员要将顾客的投诉报告给上级并记录在案，制定有效措施，防止类似问题再次发生。

思考与练习

1. 简述康乐服务质量的含义和包含的内容。
2. 简述优质服务的构成要素。
3. 简述康乐中心服务规程的制定方法。
4. 请说出质量分析常用的三种方法，并论述其中一种方法的分析步骤。
5. 如何评价康乐中心服务质量管理效果？

第七章

康乐中心财务管理

学习目标

- 了解康乐中心财务预算的含义和部门预算编制的步骤。
- 掌握营业收入的类别和结账方式以及营业收入的控制方法。

案例引入

蓝岛俱乐部位于某沿海城市，是一个以接待高消费层次顾客为主的康乐场所，以设施高档、装修豪华、环境优美、优质优价而闻名。然而好景不长，随着该市一家相同档次而价格却低于蓝岛俱乐部的娱乐中心的开业，蓝岛俱乐部流失了很多客源。在蓝岛俱乐部的经营会议上，营销总监列出相关市场调研数据，认为是项目定价过高使俱乐部缺乏市场竞争力，而财务总监则指出是经营预算过高导致定价过高的问题。经营项目的部分管理者认为蓝岛俱乐部兴建时就定位于高档消费，建造成本较高，经营预算占总成本的比例并不高，一时间，会议室内议论纷纷。

课前思考

根据上述信息，你认为蓝岛俱乐部面临困境的原因是什么？目前蓝岛俱乐部管理者应该如何摆脱困境？如何进行康乐中心的财务管理？

第一节　康乐中心财务预算控制

一、康乐中心预算编制

康乐中心财务管理工作是从编制预算开始的。康乐中心财务管理的重要任务就是要科学合理地编制预算，合理组织、严格落实，并最终依据与预算执行情况的对比分析，评价康乐中心的经营成果。康乐中心财务预算依据编制预算的种类和形式，根据考虑问题的角度不同，可以有多种分类。根据预算内容划分，主要分为营业收入预算、营业成本费用预算和现金预算。营业收入预算是对康乐中心的营业收入及其相关因素变动所做的预测；营业成本费用预算是对康乐中心的营业成本和营业费用及其相关因素变动所做的预测；现金预算是对康乐中心现金收入、现金支出以及现金结余情况所做的合理预测。预算需要多方面人员参与，从基层开始自下而上编制，康乐中心讨论协调后，由财务部正式编制，由总经理审批。

1. 康乐中心收入预算编制

康乐中心一般以前几年平均每出租一间客房各康乐项目的收入为基础，同时根据客房销售情况来预算各康乐项目的销售收入和康乐中心的销售总收入。若康乐中心在康乐经营项目上独树一帜，能够吸引大量店外消费顾客，则在编制收入预算时，要按住店顾客和非住店顾客分别进行预测。预测的内容主要包括人数预测和人均消费值预测。

2. 康乐中心成本费用预算编制

康乐中心营业成本预算依赖于饭店客房销售，合理预计住店顾客和非住店顾客对康乐项目收入的影响，并分别对不同康乐经营项目的销售额以及成本增长率、商品毛利率的变动等情况进行预测，然后据此预算康乐中心营业成本。

康乐中心营业费用预算是对康乐中心各项费用开支的预测，一般包括劳动力成本、固定资产折旧、布草费用、清洁用品费用、客用品费用、印刷品费用、器皿购置费用、客房及厨房用具购置费用、燃料费、水电费、通信费用、装饰费用、办公费用、交际费用、培训费用、财务经费、营业税、娱乐开支即聘请的乐队工资及所支付的对娱乐活动的管理等费用。

3. 康乐中心现金预算编制

康乐中心现金预算由四部分组成：现金收入、现金支出、现金多余或不足及现金筹集或运用。现金收入包括期初现金余额和预算期现金的收入，主要是指现金的销售收入。现金支出是指康乐中心预算期内各种现金的支出，康乐中心非现金开支的成本及费用不计算在内，如固定资产折旧等。现金多余或不足是现金收入的合计与现金支出的合计之差，余额为正说明收入大于支出。现金筹集或运用是指现金多余时，康乐中心可用于偿还借款或投资；反之，现金不足时，康乐中心可能需要考虑通过一定渠道筹集资金，以维持正常的运转，从而发挥资金管理的作用。

二、康乐中心预算控制

康乐中心预算编制的目的是为了将预算情况与饭店经营的实际情况相对比，以评价康乐中心经营管理的业绩。因此，需要在预算数据与经营结果之间进行比较，确定差异并分析差异产生的原因，以寻求解决办法，达到预算控制的目的。

1. 确定差异

确定差异是将预算数据与经营结果相比较的过程，可以使用金额差异比较和百分数差异比较两种方法。

2. 分析差异产生的原因

（1）收入差异分析

康乐中心收入的多少取决于销售价格和销售数量，收入差异的形成也可归结为价格差异和销量差异。价格差异是指因康乐中心销售价格（如住店顾客的免单、店外顾客的平均消费）的变动而使实际销售收入与预算收入之间产生的差额；销量差异是指因康乐中心实际销售数量（如游泳池接待会员数量）的变动而使实际销售收入与预算收入之间产生的差额。

（2）变动成本费用差异分析

变动成本费用的多少取决于材料、物资等的实际用量与实际价格，其差异的形成可归结为成本脱离标准成本价格所形成的差异和用量脱离标准数量所形成的差异。

（3）固定费用差异分析

固定费用的消耗通常在一定时间和业务范围内是固定不变的，超过一定业务范围则要发生变动，因此固定费用差异分析需要结合饭店的经营能力来进行。

3. 进行业绩评价

对康乐中心收入及成本费用的分析，可以用来对康乐中心经营业绩进行评价。由于康乐中心的经营目标和控制范围具有特殊性，所以部分饭店的康乐中心在考核业绩时着重考核其成本费用消耗。康乐中心的费用考核标准往往以它接待的顾客数量以及日常维护费用为参照，再结合同行业、同星级、同类型饭店康乐中心的费用支出水平，详尽分析费用支出的必要性及其取得的相应效果等。在部分康乐中心独立经营的饭店，康乐中心往往也成为饭店的利润部门之一，对此类康乐中心进行业绩考核时的指标就是利润，利用部门收入与成本费用相配比的结果考核部门业绩。

4. 提出改进措施

分析康乐中心收入和成本费用差异，评价经营业绩后，管理者需要调查差异产生的原因，及时发现实际工作中存在的问题，并采取相应措施督导相关人员迅速改进，纠正不合理的做法，以不断改进经营管理，提高经济效益。

第二节 康乐中心营业收入管理

一、营业收入的分类

各康乐企业或饭店康乐中心的营业收入因店而异，各有特点，按不同的分类方法可以分为很多种。为便于营业收入的管理与控制，现将这些分类介绍如下：

1. 按经营项目分类

这是一种比较直观的分类方法。这种方法又可细分为以下三种形式：

（1）按项目的重要等级划分

按项目的重要等级划分是将经营收入分为主营项目收入和辅助项目收入，将具体项目分别列于这两大项目之下。由于各企业的主营项目不同，所以收入分类也不尽相同。例如某单一经营桑拿浴的康乐企业的营业收入分为：主营收入，包括桑拿收入、按摩收入、搓澡收入和吸氧收入；辅助收入，包括酒水饮料收入和自助餐收入。

（2）按项目的活动方式划分

按项目的活动方式划分是将营业收入分为康体项目收入、娱乐项目收入、保健及美容项目收入，将具体项目分别列于这三大项目之下。这种方法不会因企业不同而使收入分类不同，所以便于横向比较。例如某综合康乐企业的营业收入分为：康体项目收入，包括戏水乐园收入、健身房收入等；娱乐项目收入，包括电子游艺厅收入、夜总会收入等；保健及美容项目收入，包括桑拿浴室收入、美容美发厅收入等。

（3）按项目的规模大小划分

按项目的规模大小划分是将营业收入按规模大小顺序排列。这种方法简单明了，比较直观。但这种方法因企业不同而使排列顺序不同。例如某室外游乐场的营业收入分为观光摩天轮收入、过山车收入和碰碰船收入等。

2. 按营业收入的结账时间分类

（1）即时结账

即时结账是指在顾客康乐消费开始或结束时，康乐中心立即得到并可即时支配的营业收入。有的项目是在消费开始时结账的，例如顾客要玩电子游戏则应当先购买游戏币；有的项目是在消费结束时结账的，例如桑拿浴、美容美发项目，一般是先消费，后结账。

（2）预收结账

预收结账是指顾客在康乐消费之前预付一定的消费金额，在实际消费时冲减。例如，高尔夫球俱乐部的会员制消费形式；有的康乐中心的贵宾卡制度，即顾客预付一定金额即可获得贵宾卡，持卡者在消费时不仅可以签单冲账，还可以享受折扣优惠。对企业来说，预收结账具有十分显著的优点，保证了营业收入的稳定。因此，应当设法多采用这种结账方式。

（3）赊账签单结账

赊账签单结账是指顾客先欠账进行康乐消费，结束之后根据签单来结账。这种结账方式与前面提到的即时结账有很大的区别：即时结账虽然可以在消费结束时结账，但仅限当时，并且仅为个别项目实行；赊账签单可以在消费结束后结账，甚至可以延迟一段时间，并且除特殊约定外没有项目限制。要求以这种方式结算的多为较大额度的消费，允许使用这种结算方式的仅限于有良好信誉的顾客或团体客户，顾客的支付形式以转账支票或信用卡居多。这种营业收入管理的重点在于，采取各种措施以保证准时结账，杜绝坏账的出现，避免营业收入受损。

3. 按计价方式分类

（1）计时收入

计时收入是按顾客消费时间收费而形成的收入。有很多康乐项目是以出租设备使用权的形式来经营的，因而采用计时收费方式，例如棋牌室、氧吧、按摩室、健身房、乒乓球室、枪战城、壁球场和网球场等采用计时收费方式是适合的。

（2）计量收入

计量收入是按顾客使用服务设备或消费产品的数量收费而形成的收入。这种收费方式适用于一些便于统计数量的康乐项目，例如保龄球馆一般以局为计费单位，电子游艺机以使用次数为计费单位。

（3）计人次收入

计人次收入是指以顾客消费的人数和次数为计费单位而取得的收入。这种计费方式适用于多人共同消费同一项目，例如夜总会、舞厅、部分游泳池以及绝大部分室外游乐项目。

需要指出的是，按计价方式分类的方法会因企业或时间而有所不同。例如，有的游泳池计时收费，有的游泳池计人次收费，有的游泳池在平季和旺季计时收费，在淡季则计人次收费；卡拉 OK 厅的公共厅计人次收费，包厅则计时收费；保龄球既可以局为单位计量收费，也可以小时为单位计时收费。

4. 按营销方式分类

（1）常规销售收入

常规销售收入是指按平日的一般价格销售而形成的营业收入，这是康乐营业收入的主要部分，分为单项收入和综合收入两类。其中单项收入是指顾客消费单项服务而累加起来的收入，综合收入是指为顾客提供多项康乐服务或多次服务而一次性结账所形成的收入。

（2）优惠销售收入

许多企业为了稳定客源、拓展市场，在特定时期或特定时间优惠销售，如节假日的优惠活动，在平时对特定的人士或团体实行优惠价。一般有三种优惠形式，分别为：

1）折扣优惠收入，即按顾客消费额的一定百分比优惠计算，即通常所说的打折。例如八折优惠，即按80%收费。

2）金额优惠收入，即在顾客实际消费额的基础上少收一部分，通常是抹去零头。例如消费额是680元，实收600元。

3）赠送优惠收入，包括两种情况：一种情况是根据服务对象赠送饮料或带有本企业标志的小纪念品，如打火机、小玩具等；另一种情况是赠送适量的消费额度，如保龄球买10局赠2局，游戏机币买10枚赠3枚等。

无论哪种优惠形式，都应进行经营成本核算。因此，在收费过程中应有准确的记录，有些优惠形式还须经有关销售、管理人员签字认可。

二、营业收入的控制

康乐营业收入大多是无形服务产品的销售收入，因此营业收入的控制要比有形产品销售收入的控制难一些；再加上收款员大量接触现金，又进一步增加了控制难度。因此，做好控制工作成为进行康乐营业收入管理的重要环节。

1. 采取积极措施，减少收款漏洞

（1）收款员岗位的设置

在实际运行中，大型康乐企业的营业收入由财务部独立管理，设专职收款员；小型康乐企业由专人收款或由服务员兼任收款员；一般饭店康乐中心因规模和管理模式不同，收款管理方式也不尽相同，有的设专职收款员，有的由服务员代收钱款，再上交财务部，收款过程由财务部和康乐中心共同管理。从理论上来说，由财务部独立管理并设专职收款员岗位更符合规范，管理也相对容易一些。但因受到种种条件的限制，有的小型企业不一定能做到这一点。

（2）认真选拔和培养收款员

选拔和培养合格的收款员是做好收入管理的关键环节。为了能使收款工作顺利进行，首先应该做好收款员的选拔和培养工作。道德观念、劳动态度和业务能力是选拔收款员的主要标准。道德观念是基本条件，劳动态度是重要条件，业务能力是可塑条件。当然，一名优秀的收款员还应具备其他条件，如形象、沟通能力等。

（3）合理安排收款地点

康乐营业收入管理的主要任务就是在顾客消费时收进每笔钱款。为了准确、快捷地收费，需要合理选择收款地点。向社会开放的康乐中心，由于活动项目多、客流量大、人员复杂，若不能及时收款，漏账的可能性就会加大。因此，可考虑多设收款台，甚至每个活动项目都设收款台。但这种做法也有弊病：一方面是接触钱款的人员比较多，容易出现漏洞，给管理带来一定难度；另一方面是需要的工作人员较多，会增加人工成本。

高档饭店或度假村的康乐中心，一般多采用一次性结账的收款方式。这种方式是对每个活动项目设立账台，这些账台不直接向顾客收款，而是及时将顾客在本项目的消费记录下来，并请顾客在账单上签字确认，然后把这些账单送到总收款台汇总，在顾客消费结束并离店之前，向顾客收取全部费用。这种方式会使顾客感到方便，也符合高档消费顾客的心理。同时，由于接触现金收入的只有总收款台，出现漏洞的可能性大大降低，管理也相对容易一些。但这种方式对单项消费的零散顾客不太方便，不适用于向社会开放的康乐企业。

（4）设计科学的收费单据

营业收入管理表单的内容一般包括表单的格式、内容、联数等。像其他管理表单的设计一样，在设计康乐营业收入管理表单时，应包括所需要的全部管理内容，但应注意简洁、明了，避免繁杂。另外，还应注意能让填写者准确理解填写要求，避免模棱两可或含混不清的用词，尽量减少需要描述的内容，尽可能设计成只用“√”“×”或数额来完成填写。此外，表单的设计应尽量规范和美观，便于保管和查阅。

（5）加强稽核管理

稽核是指对账目的查对计算。一些大型康乐企业往往设有专职稽核组，规模不大的康乐中心则由专职或兼职人员负责稽核工作。一般情况下，稽核人员的职责主要是监督和检查收款员的工作，负责查对核算收款员的账目，并负责票据及代用币的清理查收。加强稽核管理能堵塞很多收款方面的漏洞，对“窃款”“跑账”和错账能起到较好的预防作用。但任何单一措施或制度都不可能是万全的，稽核制度也是如此，还应该与其他措施和制度结合起来进行管理。在开展稽核工作时，还必须特别注意选聘素质优秀的员工担当这项工作，并且应该经常对稽核人员进行培训。

2. 制定严格的收款制度

收款制度是收款员应遵守的行为准则，是营业收入控制的重要手段。

以下为某康乐中心收款细则示例，罗列出来供大家参考。

一、备用金领用规定

1. 备用金管理员应在每天上午9:00前核对前一日备用金明细表，总账份数应等于前一日库存份数（即期末库存份数）加前一日应退回备用金份数。出现差错应及时记录并向上级汇报。

2. 备用金管理员于每天上午9:00在领班的协同下打开备用金保险柜，同时还必须有监收人在场。然后清点备用金份数，核对无误后，按照早班上岗人员名单发给各位收款员本人，并监督其在备用金明细表上签字确认。该项工作应于9:10之前结束。晚班同样按此规定发放，并于16:30之前结束。

3. 备用金管理员下班之前，应核对期末备用金份数，以便结转次日。在检查保险柜安全无误后，将钥匙存入收入保险柜。此时应有领班或其他证明人在场并签字确认。

4. 收款组领班、主管有权在备用金使用、收发过程中随时抽查，发现错漏应及时查处。

二、现金收入清点制度

1. 收款员作为本公司康乐营业收入的收纳人，对所收到的营业款负全部责任。

2. 收款员每天下班后应把现金、各种代用券的数额填入现金收入表，并核对收入表上的数字与实际收入是否相符，核对无误后将全部收入装入交款袋内封好，投入财务部的收入保险柜。

3. 投放交款袋时，收款员不得单独直接投放，而应有领班在场或与其他收款员一同投放。然后，自己登记收银表并请证明人签字确认。证明人一经签字，即对此交款袋是否投入负有责任。

4. 晚班领班在下班之前，要检查核对收银表的记录与实际收入是否一致。出现问题应查明原因，查不清的应马上报告主管或经理。出现特殊情况时，领班应在收银表的备注栏内注明。

5. 开启收入保险柜的两把钥匙，一把由出纳员随身携带保存，另一把由财务部经理委托秘书保存。

6. 每天早晨清点收入款时，由出纳员、财务部秘书共同开启保险柜。由出纳员和监收人共同清点，现金数额与收入报表数目相符后，出纳员把实收数填入收银表；如款表不符，应及时报告主管或经理。非财务部收款员交回的营业收入，出纳员应会同交款人一同开袋清点。然后将清点数额填入收入报表，并签字确认。

三、票据管理制度

1. 经营专用的有价票据、发票、防伪标志等，是本企业的重要凭证，由票据管理员专人负责管理。

2. 发票的保管、领用、开具和印制都要严格按照国家关于发票的管理办法及有关条例执行。

3. 票据管理员必须准确记录票据的领取、发放和存留数量，并要保证有价票据后期制作符合标准（印章清晰，防伪标志粘贴牢固）。

4. 票据专用章由出纳员保管，归票据管理员使用。

5. 收款员不得私下换票。如遇特殊情况需要换票，须经收款主管或领班签字同意。

6. 用计算机每天录入前一日领发票据等情况，以反馈信息。对票据运转实施追踪监督。

7. 稽核人员要加强核查，定期对票据库及收款员保存的票据检查盘点。

8. 季节性票据过期后，票据管理员必须根据记录及时回收和登记，存入票据库等待统一处理。

9. 使用过的发票存根要及时回收，随时整理登记，定期打包存放。

10. 过期废票经回收、登记、加盖作废章后，交由稽核组统一销毁。

四、现金收款程序

1. 询问并查对顾客消费的项目、数量、时间、人次等情况，向顾客通报价格。

2. 根据顾客消费实际情况，计算顾客应支付的金额，清楚地加以通报，并将账单递交给顾客。

3. 接到顾客交来的现金，先清点数额并唱收，然后用验钞机验明大额钞票的真伪，检验无误后将钞票放入收银箱。如需找零，则应唱付找零的数额。

4. 按照顾客的要求和交款的数额，为顾客出具票据。

5. 顾客如索要发票，则应据实开具。

6. 向顾客表示谢意，并欢迎其再次光临，然后道别。

五、信用卡受理程序

1. 熟悉本企业接受的信用卡，如长城卡、牡丹卡、银联卡、VISA卡、Master卡等。

2. 认清信用卡名称，确认是否为本企业接受的信用卡。查看激光防伪标志，并结合其他方法辨别信用卡的真伪。

3. 核对有效日期。倘若收到过期或未生效的信用卡，则应礼貌地交还顾客。

4. 核对注销名册。如消费金额未超过信用卡额度，即可进一步核查信用卡账号是否列于最近一期注销名册内。如已列明，则立即终止交易，扣留有问题的信用卡，并尽快通知财务部转告代办银行。

5. 核对签名，即核对签购单上的签名与信用卡上的签名是否一致。若不一致，可与授权中心联系，并请持卡人出示身份证，对照身份证相片与持卡人相貌是否相符之后，将卡交还顾客。

6. 刷卡。将顾客的消费金额和消费日期输入刷卡机，将信用卡插入刷卡机。刷卡后，将信用卡连同账单一并交给顾客。

六、转账支票受理程序

1. 检查转账支票以确认能否使用。转账支票必须纸质优良、印刷精美且没有折痕，还必须有使用单位财务印章或支票专用章以及私人留在银行的印鉴、骑缝章、付款账号、签发日期等内容。

2. 正确填写支票内容。要求用蓝、黑色钢笔或签字笔填写，所填大、小写金额必须相符，并注明用途。

3. 要求持票人出示身份证，并在消费账单上签名和留下单位电话号码。

4. 将支票存根连同发票一并交给顾客。

5. 填写收入点存表。在表内填写转账支票号码、金额、付款单位名称、联系电话等内容。

思考与练习

1. 简述康乐中心预算编制的含义和内容。

2. 论述康乐中心预算编制的步骤。

3. 按结账时间分类，可以把康乐营业收入分为哪几类？

参考文献

1. 万光铃，曲壮杰. 康乐经营与管理［M］. 沈阳：辽宁科学技术出版社，1996.

2. 许亮，董万里. 室内环境设计［M］. 重庆：重庆大学出版社，2003.

3. 刘哲. 康乐服务［M］. 北京：旅游教育出版社，2001.

4. 吴克祥，周昕. 饭店康乐经营管理［M］. 北京：中国旅游出版社，2004.

5. 王培才. 公共关系［M］. 北京：中国科学技术出版社，2003.

6. 蒋丁新. 饭店管理概论（第三版）［M］. 大连：东北财经大学出版社，2007.

7. 中国饭店员工素质研究组. 星级饭店康乐部经理案头手册［M］. 北京：中国经济出版社，2008.

8. 刘慧明，杨卫. 康乐经理岗位职业技能培训教程［M］. 广州：广东经济出版社，2007.

9. 郭慧生. 企业内部控制制度设计步骤及应注意的问题［M］. 商情，2010 (5).